O SEMINÁRIO
DE JACQUES LACAN

Campo Freudiano no Brasil

Coleção dirigida por Judith (*in memoriam*) e Jacques-Alain Miller

Assessoria brasileira: Angelina Harari

Jacques Lacan

O SEMINÁRIO

livro 20
mais, ainda

Texto estabelecido por
Jacques-Alain Miller

13ª reimpressão

ZAHAR

Tradução autorizada da primeira edição francesa, publicada em 1975 por Éditions du Seuil, de Paris, França, na coleção Champ Freudien, dirigida por Jacques-Alain Miller

Título original
Le Séminaire de Jacques Lacan
Livre XX: Encore

Novo projeto gráfico: 2008

CIP-Brasil. Catalogação na fonte
Sindicato Nacional dos Editores de Livros, RJ

Lacan, Jacques, 1901-1981

L129s Seminário, livro 20: mais, ainda, (1972-1973) / Jacques Lacan; texto estabelecido por Jacques-Alain Miller; [versão brasileira de M. D. Magno]. — 1ª ed. — Rio de Janeiro: Zahar, 1985.

(Campo freudiano no Brasil)

Tradução de: Le Séminaire de Jacques Lacan, livre XX: Encore.
ISBN 978-85-7110-491-4

1. Desejo – Discursos, conferências, etc. 2. Prazer – Discursos, conferências, etc. 3. Psicanálise – Discursos, conferências, etc. I. Miller, Jacques-Alain, 1944-. II. Título. III. Título: Mais, ainda, 1972-1973. IV. Série.

CDD: 150.195
08-3511 CDU: 159.964.2

EDITORA SCHWARCZ S.A.
Praça Floriano, 19, sala 3001 – Cinelândia
20031-050 – Rio de Janeiro – RJ
Telefone: (21) 3993-7510
www.companhiadasletras.com.br
www.blogdacompanhia.com.br
facebook.com/editorazahar
instagram.com/editorazahar
twitter.com/editorazahar

livro 20

mais, ainda

1972-1973

Versão brasileira de:
M.D. Magno

Sumário

I

Do Gozo

Me aconteceu não publicar *A ética da psicanálise*. Naquele tempo, era em mim uma forma de polidez — você primeiro, eu lhe imploro, eu lhe *empioro*... Com o tempo, aprendi que podia dizer sobre isto um pouco mais. E, depois, percebi que o que constituía meu caminhar era da ordem do *não quero saber de nada disso*.

É sem dúvida isto que, com o tempo, faz com que *ainda* eu esteja aí, e que vocês também, vocês estejam aí. Sempre me espanto com isto... *ainda*.

O que há algum tempo me favorece é que há também em vocês, na grande massa dos que estão aí, um *não quero saber de nada disso*. Só que, e aí é que está tudo, será o mesmo?

O *não quero saber de nada disso* de vocês, de um certo saber que lhes é transmitido por migalhas, será disso que se trata em mim? Eu não creio, e é por me suporem partir de outro lugar, que não o de vocês, nesse *não quero saber de nada disso*, que vocês se encontram ligados a mim. De sorte que, se é verdade que, em relação a vocês, só posso estar aqui em posição de analisando do meu *não quero saber de nada disso*, daqui até que vocês atinjam o mesmo, haverá um pagamento.

É mesmo isto que faz com que só quando o de vocês lhes aparece como suficiente vocês possam, se são analisandos meus, se destacar normalmente da análise de vocês. Concluo daí que não há, contrariamente ao que se emite, nenhum impasse de minha posição de analista com o que faço aqui.

1

Ano passado, intitulei o que acreditava poder lhes dizer — *...ou pior*, pois — Is' suspira, ou pior, issopira, iss'ouspiora. Isso não tem nada a ver com *eu* ou *tu* — eu não te ouspioro, nem tu me ouspioras. Nosso caminho, o do discurso analítico, só progride por esse limite estreito, por esse corte de faca, que faz com que, alhures, isso só possa se ouspiorar.

É esse discurso que me suporta e, para recomeçá-lo este ano, vou primeiro supor vocês na cama, uma cama de pleno uso, de casal.

A alguém, um jurista, que havia mesmo querido inquirir-se sobre o que é meu discurso, acreditei poder responder — para fazê-lo sentir, a ele, o que é o seu fundamento, a saber, que a linguagem não é o ser falante — que eu não me achava deslocado por ter que falar numa faculdade de direito, pois é onde a existência dos códigos torna manifesta a linguagem, isto se mantém lá, à parte, constituído ao correr das eras, ao passo que o ser falante, o que chamamos os homens, é bem outra coisa. Então, começar por supor vocês na cama, exige que, a respeito, disso eu me desculpe.

Eu não descolarei dela, dessa cama, hoje, e lembrarei ao jurista que, no fundo, o direito fala do que vou lhes falar — o gozo.

O direito não desconhece a cama — tomem por exemplo esse bom direito consuetudinário, no qual se funda o uso do concubinato, o que quer dizer deitar junto. De minha parte, vou partir do que, no direito, resta velado, ou seja, daquilo que ali se faz, nessa cama — estreitar-se. Parto do limite, de um limite do qual com efeito é preciso partir para se ser sério, quer dizer, para estabelecer a série daquilo que se está aproximando.

Esclarecerei com uma palavra a relação do direito com o gozo. O usufruto — é uma noção de direito, não é? — reúne numa palavra o que já evoquei em meu seminário sobre a ética, isto é, a diferença que há entre o útil e o gozo. O útil, serve para quê? É o que não foi jamais bem definido, por razão do respeito prodigioso que, pelo fato da linguagem, o ser falante tem pelo que é um meio. O usufruto quer dizer que podemos gozar de nossos meios, mas que não devemos enxovalhá-los. Quando temos usufruto de uma herança, podemos gozar dela, com a condição de não gastá-la demais. É nisso mesmo que está a essência do direito — repartir, distribuir, retribuir, o que diz respeito ao gozo.

O que é o gozo? Aqui ele se reduz a ser apenas uma instância negativa. O gozo é aquilo que não serve para nada.

Aí eu aponto a reserva que implica o campo do direito-ao-gozo. O direito não é o dever. Nada força ninguém a gozar, senão o superego. O superego é o imperativo do gozo — *Goza!*

É aí mesmo que se acha o ponto giratório que o discurso analítico interroga. Sobre este caminho, naquele tempo do *você primeiro*, que deixei passar, tentei mostrar que a análise não nos permitia nos apegar àquilo de que eu havia partido, certo que respeitosamente, ou seja, a Ética de Aristóteles. Um deslizamento no curso dos tempos se fez, deslizamento que não é progresso, mas contorno, que, da consideração do ser, que foi a de Aristóteles, conduziu ao utilitarismo de Bentham, quer dizer, à teoria das ficções, demonstrando, da linguagem, o valor de uso, ou seja, o estatuto de utensílio. É daí que tornei a interrogar sobre o que é do ser, do bem supremo como objeto de contemplação, a partir do que acreditou-se antes poder-se edificar uma ética.

Deixo-os então nessa cama, à inspiração de vocês. Saio, e mais uma vez escreverei na porta, a fim de que à saída, talvez, vocês possam sacar de novo os sonhos que tiverem prosseguido nessa cama. Escreverei a frase seguinte — *O Gozo do Outro*, do Outro com A maiúsculo, *do corpo do Outro que o simboliza, não é o signo do amor.*

2

Escrevo isto, e não escrevo depois *terminado*, nem *amém*, nem *assim seja.*

O amor, certamente, faz signo, e ele é sempre recíproco.

Coloquei isto há muito tempo, muito suavemente, dizendo que, os sentimentos, isto sempre é recíproco. Era para que isto me retornasse — *E então, e então, e o amor, e o amor, ele é sempre recíproco?* — *Mas é claro, mas é claro!* É mesmo por isso que se inventou o inconsciente — para se perceber que, o desejo do homem, é o desejo do Outro, e que o amor, se aí está uma paixão que pode ser ignorância do desejo, não menos lhe deita toda a sua poja. Quando se olha para lá mais de perto, vêem-se as devastações.

O gozo — gozo do corpo do Outro — resta, ele, uma questão, porque a resposta que ele pode constituir não é necessária. Isto vai mesmo mais longe. Não é nem mesmo uma resposta suficiente, porque o amor demanda o amor. Ele não deixa de demandá-lo. Ele o demanda... *mais... ainda. Mais, ainda*, é o nome próprio dessa falha de onde, no Outro, parte a demanda do amor.

Então, de onde parte o que é capaz, de maneira não necessária, e não suficiente, de responder pelo gozo do corpo do Outro?

Não é do amor. É daquilo que, ano passado, inspirado de certo modo pela capela de Sainte-Anne que me carregava no sistema, me deixei chegar a chamar *o amuro.*

O amuro é o que aparece em signos bizarros no corpo. São esses caracteres sexuais que vêm do além, desse local que temos acreditado podermos ocular no microscópio sob a forma de gérmen — a respeito do qual farei vocês notarem que não se pode dizer que seja a vida, pois aquilo também porta a morte, a morte do corpo, por repeti-lo. É de lá que vem o *mais*, o em-corpo, o A *inda.* É portanto falso dizer que há separação do soma e do gérmen, pois, por alojar esse gérmen, o corpo leva seus traços. Há traços no amuro.

Muito bem, são traços apenas. O ser do corpo certamente que é sexuado, mas é secundário, como se diz. E como a experiência o demonstra, não é desses traços que depende o gozo do corpo, no que ele simboliza o Outro.

Aí está o que adianta a mais simples consideração das coisas.

Do que é que se trata então no amor? O amor, será que — como promove a psicanálise com uma audácia tanto mais incrível quanto isto mais vai contra toda a sua experiência, e quanto mais ela demonstra o contrário — o amor, será que é fazer um só? Eros, será ele tensão para o Um?

Há muito tempo que só se fala disso, do Um. *Há Um*, com este enunciado é que dei suporte ao meu discurso do ano passado, e certamente não para confluir nessa confusão original, pois o desejo só nos conduz à visada da falha, quando se demonstra que o Um só se agüenta pela essência do significante. Se interroguei Frege na partida, foi para tentar demonstrar a hiância que há entre esse Um e algo que se prende ao ser e, por trás do ser, ao gozo.

Posso lhes contar uma estorinha, a de uma periquita que estava enamorada de Picasso. Como é que se via isso? Pela maneira como ela mordiscava o colarinho da sua camisa e as abas do seu paletó. Essa periquita estava de fato enamorada do que é essencial para o homem, isto é, sua maneira bizarra de se vestir. Essa periquita era como Descartes, para quem os homens eram hábitos em... pró-movimento, de passeio. Os hábitos, eles promovem *aquele* movimento — quando se os tira. Mas é apenas mito, um mito que vem convergir com a cama de há pouco. Gozar de um corpo, quando ele está sem as roupas, deixa intacta a questão do que faz o Um, quer dizer, a da identificação. A periquita se identificava com Picasso vestido.

O mesmo acontece com tudo que diz respeito ao amor. O hábito ama o monge, porque é por isso que eles são apenas um. Dito de outro modo, o que há sob o hábito, e que chamamos de corpo, talvez seja apenas esse resto que chamo de objeto *a*.

O que faz agüentar-se a imagem, é um resto. A análise demonstra que o amor, em sua essência, é narcísico, e denuncia que a substância do pretenso objetal — papo furado — é de fato o que, no desejo, é resto, isto é, sua causa, e esteio de sua insatisfação, se não de sua impossibilidade.

O amor é impotente, ainda que seja recíproco, porque ele ignora que é apenas o desejo de ser Um, o que nos conduz ao impossível de estabelecer a relação dos... A relação *dos* quem? — *dois* sexos.

3

É claro que o que aparece nos corpos, com essas formas enigmáticas que são os caracteres sexuais — que são apenas secundários — faz o ser sexuado. Sem dúvida. Mas, o ser, é o gozo do corpo como tal, quer dizer, como assexuado, pois o que chamamos de gozo sexual é marcado, dominado, pela impossibilidade de estabelecer, como tal, em parte alguma do enunciável, esse único Um que nos interessa, o Um da relação sexual.

É o que demonstra o discurso analítico, no que, para um desses seres como sexuados, para o homem enquanto que provido do órgão dito fálico — eu disse *dito* —, o sexo corporal, o sexo da mulher — eu disse *da mulher*, embora justamente não exista *a* mulher, a mulher *não é toda* — o sexo da mulher não lhe diz nada, a não ser por intermédio do gozo do corpo.

O discurso analítico demonstra — permitam-me dizê-lo desta forma — que o Falo é a objeção de consciência, feita por um dos dois seres sexuados, ao serviço a ser prestado ao outro.

E que não me falem dos caracteres sexuais secundários da mulher, porque, até nova ordem, são os da mãe que primam nela. Nada distingue a mulher como ser sexuado senão justamente o sexo.

Que tudo gira ao redor do gozo fálico, é precisamente o de que dá testemunho a experiência analítica, e testemunho de que a mulher se define por uma posição que apontei com o *não-todo* no que se refere ao gozo fálico.

Vou um pouco mais longe — o gozo fálico é o obstáculo pelo qual o homem não chega, eu diria, a gozar do corpo da mulher, precisamente porque o de que ele goza é do gozo do órgão.

É por isso que o superego, tal como apontei há pouco com o *Goza!*, é correlato da castração, que é o signo com que se paramenta a confissão de que o gozo do Outro, do corpo do Outro, só se promove pela infinitude. Vou dizer qual — aquela, nem mais nem menos, que dá suporte ao paradoxo de Zenão.

Aquiles e a tartaruga, tal é o esquema do gozar de um lado do ser sexuado. Quando Aquiles dá um passo, estica seu lance para junto de Briseida, esta, tal como a tartaruga, adiantou-se um pouco, porque ela não é toda, *não toda* dele. Ainda falta. E é preciso que Aquiles dê o segundo passo, e assim por diante. Foi assim mesmo que, em nossos dias, mas só em nossos dias, chegou-se a definir o número, o verdadeiro, ou, para dizer melhor, o real. Porque o que Zenão não tinha visto é que a tartaruga, também ela, não está preservada da fatalidade que pesa sobre Aquiles — o passo dela, também, é cada vez menor, e não chegará jamais ao limite. É daí que se define um número, qualquer que ele seja, se ele é real. Um número tem um limite, e é nesta medida que ele é infinito. Aquiles, é bem claro, só pode ultrapassar a tartaruga, não pode juntar-se a ela. Ele só se junta a ela na infinitude.

Aí está o dito para o que concerne ao gozo enquanto sexual. De um lado, o gozo é marcado por esse furo que não lhe deixa outra via senão a do gozo fálico. Do outro lado, será que algo pode ser atingido, que nos diria como aquilo que até aqui é só falha, hiância, no gozo, seria realizado?

É o que, coisa singular, só pode ser sugerido por apercepções muito estranhas. *Estranho* é uma palavra que tem a ver com estrangeiro, que poderia ser *estranjo*, podendo decompor-se como *estar-anjo — ser-anjo*. É mesmo algo contra o quê nos põe em guarda a alternativa de sermos tão bestas quanto a periquita de há pouco. Entrementes, olhemos de perto o que nos inspira a idéia de que, no gozo dos corpos, o gozo sexual tenha esse privilégio de ser especificado por um impasse.

Nesse espaço do gozo, tomar algo de circundado, de fechado, é um lugar, e falar dele, é uma topologia. Num escrito que vocês verão publicado como ponta do meu discurso do ano passado, creio demonstrar a estrita equivalência de topologia e estrutura. Se nos guiamos por isto, o que distingue o anonimato disso de que falamos como gozo, isto é, o que ordena o direito, é uma geometria. Uma geometria é a heterogeneidade do lugar, quer dizer que há um lugar do Outro. Desse lugar do Outro, de um sexo como Outro, como Outro absoluto, o que é que nos permite colocar o mais recente desenvolvimento da topologia?

Colocarei aqui o termo *compacidade*. Nada mais compacto do que uma falha, se é bem claro que a interseção de tudo que se fecha sendo admitida como existente num número infinito de conjuntos, daí resulta que a interseção implica esse número infinito. É a definição mesma de compacidade.

Essa interseção de que falo é aquela que coloquei há pouco como sendo aquilo que cobre, que faz obstáculo à relação sexual suposta.

Apenas suposta, pois que eu enuncio que o discurso analítico só se sustenta pelo enunciado de que não há, de que é impossível colocar-se a relação sexual. É nisto que se escoram os avanços do discurso analítico, e é por isso aí que ele determina o que é realmente do estatuto de todos os outros discursos.

Este é, nomeado, o ponto que cobre a impossibilidade da relação sexual como tal. O gozo, enquanto sexual, é fálico, quer dizer, ele não se relaciona ao Outro como tal.

Sigamos o complemento desta hipótese de compacidade.

Uma fórmula nos é dada pela topologia que qualifiquei de a mais recente, tomando partida de uma lógica construída sobre a interrogação do número, que conduz à instauração de um lugar que não é o de um espaço homogêneo. Tomemos o mesmo espaço circundado, fechado, suposto instituído — o equivalente do que coloquei ainda há pouco da interseção estendendo-se ao infinito. A supô-lo recoberto de conjuntos abertos, quer dizer, excluindo seu limite — o limite é o que se define como maior que um ponto, menor que um outro, mas em nenhum caso igual nem ao ponto de partida, nem ao ponto de chegada, para imajar isto rapidamente para vocês — demonstra-se que é equivalente dizer que o conjunto desses espaços abertos se oferece sempre a um sub-recobrimento de espaços abertos, constituindo uma finitude, isto é, que a série dos elementos constitui uma série finita.

Vocês podem notar que eu não disse que eles são contáveis. E, entretanto, é o que implica o termo *finito*. Finalmente, os contamos, um a um. Mas, antes de chegar a isto, será preciso que ali se ache uma ordem, e devemos dar um tempo antes de supor que essa ordem seja encontrável.

Em todo caso, o que é que implica a finitude demonstrável dos espaços abertos capazes de recobrir o espaço circundado, fechado no caso, do gozo sexual? Que os ditos espaços podem ser tomados um a um — e porque se trata do outro lado, ponhamos no feminino — uma a uma.

É mesmo isto que se produz no espaço do gozo sexual — que por este fato se verifica ser compacto. O ser sexuado dessas mulheres não-todas não passa pelo corpo, mas pelo que resulta de uma exigência lógica na fala. Com efeito, a lógica, a coerência inscrita no fato de existir a linguagem e de que ela está fora dos corpos que por ela são agitados, em suma, o Outro que se encarna, se assim se pode dizer, como ser sexuado, exige esse *uma a uma*.

E é aí que está o estranho, o fascinante, é o caso de se dizer — essa exigência do Um, como já o *Parmênides* nos podia fazer prever, é do Outro que ela sai. Onde está o ser, há exigência de infinitude.

Retornarei sobre o que é desse lugar do Outro. Mas, desde agora, para fazer imagem, vou ilustrar isto para vocês.

Sabemos bastante como os analistas se divertiram em torno de Don Juan; de quem eles fizeram de tudo, inclusive, o que é o cúmulo, um homossexual. Mas, centrem-no sobre o que acabo de imajar para vocês, esse espaço do gozo sexual recoberto por conjuntos abertos que constituem uma finitude e que, finalmente, se contam. Vocês não vêem que o essencial no mito feminino de Don Juan é que ele as tem uma a uma?

Aí está o que é o outro sexo, o sexo masculino, para as mulheres. Nisto a imagem de Don Juan é capital.

Das mulheres, a partir do momento em que há os nomes, pode-se fazer uma lista, e contá-las. Se há *mille e tre* é mesmo porque podemos tomá-las uma a uma, o que é essencial. E é coisa completamente diferente do Um da fusão universal. Se a mulher não fosse não-toda, se em seu corpo ela não fosse não-toda como ser sexuado, nada disso se agüentaria.

4

Os fatos de que lhes falo são fatos de discurso, de discurso do qual solicitamos, na análise, uma saída, em nome do quê? — de se largarem os outros discursos.

Pelo discurso analítico o sujeito se manifesta em sua hiância, ou seja, naquilo que causa o seu desejo. Se não houvesse isto, eu não poderia me arranjar com uma topologia que, no entanto, não depende do mesmo recurso, do mesmo discurso, mas de um outro, tão mais puro, e que torna bem mais manifesto o fato de que só há gênese, de discurso. Que essa topologia convirja com nossa experiência a ponto de nos permitir articulá-la, não estará aí algo que poderia justificar aquilo que, nisto que coloco, se suporta, se ouspiora, em não recorrer jamais a nenhuma substância, em não se referir jamais a nenhum ser, e por estar em ruptura para com o que quer que seja que se enuncie como filosofia?

Tudo que se articulou sobre o ser supõe que se possa recusar-se ao predicado e dizer o *homem é*, por exemplo, sem dizer o quê. O que diz respeito ao ser está estreitamente amarrado a essa seção do predicado. Daí nada poder ser dito senão por contornos em impasse, demonstrações de impossibilidade lógica, onde nenhum predicado basta. O que diz respeito ao ser, ao ser que se colocaria como absoluto, não é jamais senão a fratura, a rachadura, a interrupção da fórmula *ser sexuado*, no que o ser sexuado está interessado no gozo.

21 de novembro de 1972

Complemento

Começo da sessão seguinte: A BESTEIRA

Lacan, parece, em seu primeiro seminário, como o chamam, deste ano, teria falado, duvido que vocês adivinhem, do amor, nada menos.

A novidade se propagou. Ela me retornou — não de muito longe, certamente — de uma cidadezinha da Europa onde a haviam mandado como mensagem. Como foi em cima do meu divã que isto me retornou, não posso crer que a pessoa que a reportou a mim tenha acreditado verdadeiramente nisto, visto que ela bem sabe que o que eu digo do amor é certamente que não se pode falar dele. *Fale-me de amor* — cançãozinha! Eu falei da letra, da carta de amor, da declaração de amor, o que não é a mesma coisa que a fala de amor.

Penso que é claro, mesmo que vocês não tenham formulado isto para si, que nesse primeiro seminário falei da besteira.

Trata-se da mesma que condiciona aquilo de onde tirei o título do meu seminário, e que se diz *mais, ainda*. Vocês vêem o risco. Só lhes digo isto para lhes mostrar o que aqui constitui o peso de minha presença — é que vocês gozam com isto. Minha só presença — pelo menos ouso crer assim — minha só presença em meu discurso, minha só presença, é minha besteira. Eu deveria saber que tenho mais o que fazer do que estar aqui. É mesmo por isso que posso ter vontade de que ela não lhes seja assegurada, de qualquer maneira.

Entrementes, é claro que não posso me colocar na posição de encolha de dizer que *mais, ainda*, e que isto continua. É uma besteira, pois que eu mesmo colaboro nisso, evidentemente. Não posso senão me colocar no campo desse mais, desse ainda. Talvez que remontar do discurso analítico até aquilo que o condiciona — isto é, esta verdade, a única que pode ser incontestável que ela não o seja, de que não há relação sexual — não me permita de modo algum julgar o que seja ou não seja besteira. E, no entanto, não pode acontecer, vista a experiência, que, a propósito do discurso analítico, qualquer coisa deixe de ser interrogada — este discurso, não se mantém ele com ser suportado pela dimensão da besteira?

Por que não se perguntar qual é o estatuto dessa dimensão, no entanto tão presente? Pois, enfim, não foi preciso o discurso analítico para que — aí é que está a nuance — fosse anunciado *como verdade* que não há relação sexual.

Não creiam que eu hesito em me molhar. Não é de hoje que falo em são Paulo. Não é isto que me dá medo, mesmo se me comprometo com pessoas cujo estatuto e decência não são, para falar propriamente, os que freqüento. Entrementes, que os homens de um lado, as mulheres do outro, tenha sido a conseqüência da *Mensagem*, aí está algo que no curso das eras teve algumas repercussões. Isto não impediu o mundo de se reproduzir à medida de vocês. A besteira vai bem, de qualquer modo.

Não é de modo algum assim que se estabelece o discurso analítico, que formulei para vocês com o *a* minúsculo e com o S_2 que está debaixo, e com aquilo que isso interroga o lado do sujeito, para produzir o quê? — senão a besteira. Mas, depois de tudo, em nome do quê é que eu diria que, se isso continua, é besteira? Como sair da besteira?

Não é menos verdadeiro que há um estatuto a dar a esse novo discurso e à sua aproximação da besteira. Seguramente ele chega mais perto, pois, nos outros discursos, a besteira é aquilo de que a gente foge. Os discursos visam sempre à menor besteira, à besteira sublime, pois *sublime* quer dizer o ponto mais elevado do que está embaixo.

Onde está, no discurso analítico, o sublime da besteira? Aí está no que estou ao mesmo tempo legitimado a fazer repousar minha participação na besteira, no que ela aqui nos engloba, e a invocar quem poderá, sobre este ponto, me trazer a réplica do que, em outros campos, recorta o que eu digo. É isso aí que, já ao termo do ano passado, tive a felicidade de recolher de uma boca que hoje vai ser a mesma. Trata-se de alguém que aqui me escuta e que, por isso, está suficientemente introduzido ao discurso analítico. Desde o começo deste ano entendo que ele me traz, por seus riscos e perigos, a réplica do que, num discurso, nominalmente o filosófico, conduz sua via, abrindo-a por certo estatuto com respeito ao mínimo de besteira. Dou a palavra a François Recanati, que vocês já conhecem.

A exposição de F. Recanati pode ser lida em Scilicet, *revista da Escola Freudiana de Paris.* *

12 de dezembro de 1972

* Nº 4, Paris, Seuil, 1973, p.55-73.

II

A Jakobson

Lingüisteria.
O signo de que se troca de discurso.
A significância à beça.
Besteira do significante.
A substância gozante.

Parece-me difícil não falar bestamente da linguagem. No entanto, Jakobson, está aí você, é o que você consegue fazer.

Mais uma vez, nas entrevistas que Jakobson nos deu nestes últimos dias no Colégio de França, pude admirá-lo o bastante para lhe fazer agora homenagem.

No entanto, é preciso alimentar a besteira. Será que tudo que alimentamos é, por isso mesmo, besta? Não mesmo. Mas está demonstrado que alimentar-se faz parte da besteira. Será que terei que falar ainda mais sobre isto diante desta sala onde, em suma, estamos no restaurante, e onde a gente imagina que se alimenta porque não está no restaurante universitário? A dimensão imaginativa, é disto justamente que a gente se alimenta.

Confio em vocês para lhes lembrar o que ensina o discurso analítico sobre a velha ligação com a nutriz, mãe ainda por cima, como se, por acaso, tendo, por trás, a história infernal de seu desejo e tudo aquilo que vem em seguida. É mesmo disto que se trata na alimentação, de alguma espécie de besteira, mas que o discurso analítico põe *assentado* em seu direito.

1

Um dia percebi que era difícil não entrar na lingüística a partir do momento em que o inconsciente estava descoberto.

Daí, fiz algo que me parece, para dizer a verdade, a única objeção que eu pudesse formular ao que vocês possam ter ouvido outro dia da boca de Jakobson, isto é, que tudo que é da linguagem dependeria da lingüística, quer dizer, em último termo, do lingüista.

Não que eu não lhe acorde muito facilmente quando se trata da poesia, a propósito da qual ele adiantou este argumento. Mas se consideramos tudo que, pela definição da linguagem, se segue quanto à fundação do sujeito, tão renovada, tão subvertida por Freud, que é lá que se garante tudo que de sua boca se afirmou como o inconsciente, então será preciso, para deixar a Jakobson seu domínio reservado, forjar alguma outra palavra. Chamarei a isto de lingüisteria.

Isto me entrega em parte ao lingüista, e não deixa de explicar que, tantas vezes, da parte de tantos lingüistas, eu sofra mais de uma chamada — certamente não de Jakobson, mas é porque ele me tem em boa conta, dito de outro modo, ele me ama, é o modo como exprimo isto na intimidade.

Meu dizer que o inconsciente é estruturado como uma linguagem não é do campo da lingüística. É uma porta aberta para o que vocês verão ser comentado num texto que será publicado no próximo número do meu bem conhecido aperiódico com o título de *l'Etourdit, O Aturdito — d, i, t, o —*, uma porta aberta para esta frase que, no ano passado, por várias vezes, escrevi no quadro sem jamais lhe dar desenvolvimento — *Que se diga fica esquecido detrás do que se diz no que se ouve.*

No entanto, é pelas conseqüências do dito que se julga o dizer. Mas o que se faz do dito resta aberto. Pois pode-se fazer dele uma porção de coisas, tal como se faz, com algum móvel, quando se carrega uma cadeira ou um canhão.

Há um texto de Rimbaud, de que tratei ano passado, que se chama *A uma razão*, e que se escande por esta réplica que termina cada versículo — *Um novo amor.* Já que dizem que da última vez eu falei de amor, por que não retomá-lo neste nível, e sempre com a idéia de marcar a distância entre a lingüística e a lingüisteria?

O amor, nesse texto, é o signo, apontado como tal, de que se troca de razão, e é por isso que o poeta se dirige a essa razão. Mudamos de razão, quer dizer — mudamos de discurso.

Lembrarei aqui a vocês os quatro discursos que distingui. Existem quatro, apenas sobre o fundamento desse discurso psicanalítico que articulo com quatro lugares, cada um deles lugar de apreensão de algum efeito de significante, e que eu situo por último nesse desenvolvimento. O que, em nenhum caso, é para ser tomado como uma série de emergências históricas — que um tenha aparecido muito tempo depois dos outros, não é o que importa aqui. Muito bem, eu diria agora que desse discurso psicanalítico há sempre alguma emergência a cada passagem de um discurso a outro.

Ao aplicar essas categorias que em si mesmas só se estruturam pela existência do discurso psicanalítico, é preciso prestar atenção à colocação em prova dessa verdade de que há emergência do discurso analítico a cada travessia de um discurso a outro. Não é outra coisa que eu digo quando digo que o amor é o signo de que trocamos de discurso.

Discurso do Senhor

$$\frac{S_1}{\$} \xrightarrow{\text{impossibilidade}} \frac{S_2}{a}$$

— se esclarece por regressão do:

Discurso da Histérica

$$\frac{\$}{a} \longrightarrow \frac{S_1}{S_2} \quad (\text{impotência})$$

Discurso da Universidade

$$\frac{S_2}{S_1} \longrightarrow \frac{a}{\$} \quad (\text{impotência})$$

— se esclarece por "progresso" no:

Discurso do Analista

$$\frac{a}{S_2} \xrightarrow{\text{impossibilidade}} \frac{\$}{S_1}$$

Os lugares são de:

$$\frac{\text{o agente}}{\text{a verdade}} \qquad \frac{\text{o outro}}{\text{a produção}}$$

Os termos são:

S_1, o significante (sê-lo) mestre
S_2, o saber
$\$$, o sujeito
a, o mais-gozar

Da última vez eu disse que o gozo do Outro não é o signo do amor. E aqui, digo que o amor é um signo. Será que o amor se baseia no fato de que o que aparece não é nada mais do que o signo?

É aqui que a lógica de Port-Royal, evocada outro dia na exposição de François Recanati, virá nos dar ajuda. O signo, adianta essa lógica — e sempre nos maravilhamos com esses dizeres que às vezes só ganham peso muito tempo depois de sua emissão —, é aquilo, que se define pela disjunção de duas substâncias que não teriam nenhuma parte em comum, a saber, por aquilo que em nossos dias chamamos de interseção. Isto vai nos conduzir a respostas agora mesmo.

O que não é signo do amor é o gozo do Outro, o do Outro sexo e, eu comentava, do corpo que o simboliza.

Troca de discurso — isso mexe, isso os, isso nos, isso *se* atravessa, ninguém marca a batida. Canso de dizer que essa noção de discurso deve ser tomada como liame social, fundado sobre a linguagem, e parece então não deixar de ter relação com o que na lingüística se especifica como gramática, nada parecendo modificar-se com isto.

Talvez que isto ponha esta questão que ninguém levanta, de saber o que é da noção de informação, cujo sucesso é tão arrasador que podemos dizer que a ciência inteira vem a se infiltrar nela. Estamos agora no nível da informação molecular do gene e dos enrolamentos das nucleoproteínas em torno dos troncos de ADN, eles próprios enrolados uns em torno dos outros, tudo isto unido por ligações hormonais — mensagens que se enviam, se registram etc. Notemos que o sucesso desta fórmula tem origem incontestável numa lingüística que não é apenas imanente, mas muito bem formulada. Enfim, esta ação se estende até o fundamento mesmo do pensamento científico, ao se articular como neguentropia.

Será isto que eu, de um outro lugar, de minha lingüisteria, colho, quando me sirvo da função do significante?

2

O que é o significante?

O significante — tal como o promovem os ritos de uma tradição lingüística que não é especificamente saussuriana, mas remonta até os estóicos de onde ela se reflete em santo Agostinho — deve ser estruturado em termos topológicos. Com efeito, o significante é primeiro aquilo que tem efeito de significado, e importa não elidir que, entre os dois, há algo de barrado a atravessar.

Esta maneira de topologizar o que é da linguagem é ilustrada da maneira mais admirável pela fonologia, no que ela encarna o significante no fonema. Mas o significante não pode limitar-se de modo algum a esse suporte fonemático. De novo — o que é um significante?

Já é preciso que eu pare e coloque a questão desta forma.

Um, posto antes do termo e com uso de artigo indeterminado. Ele já supõe que o significante pode ser coletivizado, que se pode fazer uma coleção, falar dele como de algo que se totaliza. Ora, o lingüista seguramente teria muita dificuldade, parece-me, em fundamentar essa coleção, em fundá-la sobre um *o*, porque não há predicado que o permita.

Como Jakobson fez notar, nominalmente ontem, não é a palavra que pode fundar o significante. A palavra não tem outro ponto onde fazer-se coleção senão o dicionário, onde ela pode ser alistada. Para fazer vocês sentirem isto, eu poderia falar da frase, que é mesmo aí, também ela, a unidade significante, que ocasionalmente se tentará coletar em seus representantes típicos para uma mesma língua, mas evocarei mais o provérbio, no qual certo pequeno artigo de Paulhan, que me caiu recentemente nas mãos, me fez interessar-me mais vivamente.

Paulhan, nessa espécie de diálogo tão ambíguo que apreende o estrangeiro de uma certa área de competência lingüística, percebeu que o provérbio tinha, entre os malgaxes, um peso particular, representava um papel específico. Que ele tenha descoberto isto naquela ocasião, não me impedirá de ir mais longe. Com efeito, podemos perceber, nas margens da função proverbial, que a significância é algo que se abre em leque, se me permitem o termo, do provérbio à locução.

Procurem, por exemplo, no dicionário, a expressão *à beça*, vocês me dirão coisas novas. Chega-se até a inventar um senhor chamado Bessa, o qual, à força de o taxarmos de perdulário, acabou-se por se criar o *à beça*. O que é que isto quer dizer, *à beça*? — e há bastante outras locuções tão bem extravagantes. Elas não querem dizer outra coisa senão isto — a subversão do desejo. Taí o sentido de *à beça*. Pelo furo do barril em folha-seca do vôo da significância corre, à beça, um caneco, um caneco cheio de significância.

O que que é essa significância? No nível em que estamos, é aquilo que tem efeito de significado.

Não esqueçamos que, de partida, qualificou-se, erradamente, de arbitrária, a relação do significante e do significado. É assim que se exprime, provavelmente contra seu coração, Saussure — ele pensava bem outra coisa, e bem mais perto do texto do *Crátilo* como o demonstra o que há em suas gavetas, isto é, essas histórias de anagramas. Ora, o que passa por arbitrário é que os efeitos de significado têm o ar de nada terem a ver com o que os causa.

Só que, se eles têm o ar de nada terem a ver com o que os causa, é porque a gente espera que aquilo que os causa tenha certa relação com o real. Falo do sério real. O sério — é claro que é preciso certa batida para nos apercebermos disso nele, é preciso ter seguido um pouco meus seminários — não pode ser senão o serial. Isto só se obtém depois de um tempo muito longo de extração, de extração para fora da linguagem, de algo que lá está preso, e do qual, no ponto em que estou de minha exposição, só temos uma idéia longínqua — ainda que só fosse a propósito desse *um* indeterminado, desse logro que não sabemos como fazê-lo funcionar, em relação ao significante, para que ele o coletivize. Na verdade, veremos que é preciso reverter e, em lugar de *um* significante que interrogamos, interrogar o significante *Um* — ainda não estamos lá.

Os efeitos de significado têm o ar de nada terem a ver com o que os causa. Isto quer dizer que as referências, as coisas que o significante serve para aproximar, restam justamente aproximativas — macroscópicas, por exemplo. O que é importante, não é que isto seja imaginário — depois de tudo, se o significante permitisse apontar a imagem que seria preciso para se ser feliz, seria ótimo, mas este não é o caso. O que caracteriza, no nível da distinção significante/significado, a relação do significado ao que lá está como terceiro indispensável, isto é, o referente, é propriamente que o significado rateia. O colimador não funciona.

O cúmulo do cúmulo é que a gente chega, mesmo assim, a se servir dele, no que passando por outros truques. Para caracterizar a função do significante, para coletivizá-lo de um modo que pareça predicação, temos algo que é aquilo de onde parti, a lógica de Port-Royal. Recanati evocou para vocês outro dia os adjetivos substantivados. A redondeza, nós a extraímos do redondo e, por que não, a justiça, do justo etc. É o que vai nos permitir avançar nossa besteira para tirar que talvez, mesmo ela, não seja, como se crê, uma categoria semântica, mas um modo de coletivizar o significante.

Por que não? — o significante é besta.

Parece-me que isto é de natureza a engendrar um sorriso, um sorriso besta naturalmente. Um sorriso besta, como todos sabem — basta ir às catedrais — é um sorriso de anjo. Taí mesmo a única justificativa do pito pascalino. E se o anjo tem um sorriso tão besta, é porque ele nada, no significante supremo. Achar-se de novo um pouco a seco lhe faria bem — talvez ele não sorrisse mais.

Não que eu não creia nos anjos — todos sabem que creio neles inextrilhavelmente, e mesmo inexteilhardamente —, simplesmente, não creio que eles tragam a mínima mensagem, e é no que eles são verdadeiramente significantes.

Por que é que damos tanta ênfase à função do significante? Porque é o fundamento da dimensão do simbólico, o qual só o discurso analítico nos permite isolar como tal.

Eu poderia ter abordado as coisas de outro modo — dizendo-lhes como é que fazem para virem me pedir uma análise, por exemplo.

Eu não gostaria de ferir esse frescor. Há os que se reconheceriam — Deus sabe o que eles imaginariam sobre o que penso. Talvez eles acreditassem que eu os acho bestas. O que é verdadeiramente a última idéia que me poderia vir em tal caso. A questão é de que o discurso analítico introduz um adjetivo substantivado, a besteira, no que ela é uma dimensão, em exercício, do significante.

Aí, é preciso olhar mais de perto.

3

Uma vez que se substantiviza, é por se supor uma substância, e as substâncias, meu Deus, em nossos dias, não as temos aos montes. Temos a substância pensante e a substância extensa.

Conviria talvez interrogar, a partir daí, onde será que se pode encaixar essa dimensão substancial, qualquer que seja a distância a que ela esteja de nós e que, até agora, só nos faz sinal, essa substância em exercício, essa dimensão que seria preciso escrever *diz-mensão*, para a qual a função da linguagem é, primeiro, o que vela antes de qualquer uso mais rigoroso?

De saída, a substância pensante, pode-se dizer que de algum modo nós a modificamos sensivelmente. Depois desse *penso* que, ao supor-se a si mesmo, funda a existência, tivemos que dar um passo, que é o do inconsciente.

Já que estou hoje sendo arrastado pelas trilhas do inconsciente estruturado como uma linguagem, saiba-se disto — esta fórmula muda totalmente a função do sujeito como existente. O sujeito não é aquele que pensa. O sujeito é, propriamente, aquele que engajamos, não, como dizemos a ele para encantá-lo, a dizer tudo — não se pode dizer tudo —, mas a dizer besteiras, isso é tudo.

É com essas besteiras que vamos fazer a análise, e que entramos no novo sujeito que é o do inconsciente. É justamente na medida em que ele não quer mesmo mais pensar, o homenzinho, que se saberá talvez um pouco mais dele, que se tirarão algumas conseqüências dos ditos — ditos de que não podemos nos desdizer, é a regra do jogo.

Daí surge um dizer que não chega sempre a poder ex-sistir ao dito. Por causa daquilo que vem ao dito como conseqüência. Está aí a prova por onde, na análise de qualquer um, por mais besta que ele seja, um certo real pode ser atingido.

Estatuto do dizer — é preciso que eu deixe tudo isto de lado por hoje. Mas posso lhes anunciar que o que vai acontecer este ano de mais chato é submeter a essa prova um certo número de dizeres da tradição filosófica.

Felizmente que Parmênides escreveu, na realidade, poemas. Não emprega ele — aqui o testemunho do lingüista é primordial — aparelhos de linguagem que se parecem muito com a articulação matemática, alternância depois de sucessão, enquadramento depois de alternância? Ora, é mesmo porque ele era poeta que Parmênides diz o que tem a nos dizer da maneira menos besta. De outro modo, que o ser seja e que o não-ser não seja, não sei o que isto diz a vocês, mas, quanto a mim, acho isto besta. E não creiam que me diverte dizer isto.

Mesmo assim, teremos este ano que precisar do ser, do significante Um, para o qual, ano passado, abri a via para dizer — *Há Um!* É daí que parte o sério, por mais besta que seja o ar disso, disso também. Teremos então algumas referências a tomar na tradição filosófica.

A famosa substância extensa, complemento da outra, não nos desembaraçamos também tão facilmente dela, pois que é o espaço moderno. Substância de puro espaço, como se diz espírito puro. Não se pode dizer que isto seja prometedor.

Puro espaço se funda na noção de parte, com a condição de juntar a isto o seguinte, que todas são externas a todas — *partes extra partes*. Mesmo disto pudemos chegar a extrair algumas coisinhas, mas foi preciso dar passos sérios.

Para situar, antes de deixá-los, meu significante, proponho-lhes sopesar o que, da última vez, se inscreveu com minha primeira frase, o *gozar de um corpo*, de um corpo que, a Outro, o simboliza, e que comporta talvez algo de natureza a fazer pôr em função uma outra forma de substância, a substância gozante.

Não é lá que se supõe propriamente a experiência psicanalítica? — a substância do corpo, com a condição de que ela se defina apenas como aquilo de que se goza. Propriedade do corpo vivo, sem dúvida, mas nós não sabemos o que é estar vivo, senão apenas isto, que um corpo, isso se goza.

Isso só se goza por corporizá-lo de maneira significante. O que implica algo que não o *partes extra partes* da substância extensa. Como o sublinha admiravelmente essa espécie de kantiano que era Sade, só se pode gozar de uma parte do corpo do Outro, pela simples razão de que jamais se viu um corpo enrolar-se completamente, até incluí-lo e fagocitá-lo, em torno do corpo do Outro. É por isso que somos reduzidos a um estreitamentozinho assim, a tomarmos um antebraço, ou não importa o quê — puxa!

Gozar tem esta propriedade fundamental de ser em suma o corpo de um que goza de uma parte do corpo do Outro. Mas esta parte também goza — aquilo agrada ao Outro mais, ou menos, mas é fato que ele não pode ficar indiferente.

Acontece mesmo que se produza algo que ultrapassa o que acabo de descrever, e que é marcado com toda ambigüidade significante, pois, *gozar do corpo* comporta um genitivo que tem essa nota sadiana à qual acrescentei uma pincelada, ou, ao contrário, uma nota extática, subjetiva, que diz que em suma é o Outro que goza.

No que diz respeito ao gozo, temos aí apenas um nível elementar. Da última vez, promovi que ele não era signo do amor. É o que terá que ser sustentado e que nos levará ao nível do gozo fálico. Mas o que chamo propriamente o gozo do Outro, no que ele aqui só é simbolizado, é ainda coisa inteiramente outra, a saber, o não-todo que terei que articular.

4

Só nesta articulação, o que que é o significante — o significante por hoje, e para fechar isto, vistos os motivos que tenho?

Direi que o significante se situa no nível da substância gozante. É completamente diferente da física aristotélica que vou evocar, a qual, por poder ser solicitada como vou fazê-lo, nos mostra até que ponto era ilusória.

O significante é a causa do gozo. Sem o significante, como mesmo abordar aquela parte do corpo? Como, sem o significante, centrar esse algo que, do gozo, é a causa material? Por mais desmanchado, por mais confuso que isto seja, é uma parte que, do corpo, é significada nesse depósito.

Irei agora direto à causa final, final em todos os sentidos do termo. Nisso que ele é termo, o significante é aquilo que faz alto ao gozo.

Depois dos que se enlaçam — se me permitem —, Alá! E depois dos que estão lassos, olá! O outro pólo do significante, o sinal de pare, lá está, tão na origem quanto o pode estar o vocativo do comando.

A eficiência, de que Aristóteles nos faz a terceira forma da causa, não é enfim nada senão esse projeto com que o gozo se limita. Todos os tipos de coisas que aparecem no reino animal são paródias desse caminho do gozo no ser falante, ao mesmo tempo que nelas se esboçam funções que participam da mensagem — a abelha transportando o pólen da flor macho à flor fêmea, eis o que muito se parece com o que diz respeito à comunicação.

E o estreitamento, o estreitamento confuso de onde o gozo toma sua causa, sua última causa, que é formal, não é ele da ordem da gramática que a comanda?

Não é por nada que *Cláudio bate Ciro*, no princípio dos primeiros exemplos de gramática, ou que — por que não dizê-lo assim? — *Cláudio e Cora* podem dar exemplo de conjunção — só que é preciso perguntar-se, depois, quem *escora* quem. Já joguei com isto há muito tempo.

Pode-se mesmo dizer que o verbo se define por ser um significante não tão besta — temos que escrever numa palavra — *nantambesta* quanto os outros, sem dúvida, que faz a passagem de um sujeito à sua própria divisão no gozo, e que ele o é ainda menos quando, essa divisão, ele a determina em disjunção, e assim se torna signo.

Joguei ano passado com o lapso ortográfico que fiz numa carta endereçada a uma mulher — *jamais saberás o quanto eu tenho te amada* — *a* em vez de *o*. Quiseram me apontar depois que aquilo queria talvez dizer que eu era homossexual. Mas o que articulei precisamente no ano passado foi que, quando a gente ama, não se trata de sexo.

Aí está, se vocês assim quiserem, onde ficarei por hoje.

19 de dezembro de 1972

III

A Função do Escrito

O inconsciente é o que se lê.
Do uso das letras.
S/s.
A ontologia, discurso do senhor.
Falar de foder.
O ilegível.

Vou entrar muito suavemente no que reservei hoje para vocês e que, a mim, antes de começar, parece de quebrar a cara. Trata-se da maneira como, no discurso analítico, temos que situar a função do escrito.

Há sobre isto uma anedota, assim, que um dia, na página de rosto de uma coletânea que eu publicava — disse que eu digo que publixo — não achei nada melhor para escrever senão a palavra *Escritos*.

Esses *Escritos*, é bem sabido que eles não se lêem facilmente. Posso lhes fazer uma pequena confissão autobiográfica — é muito precisamente o que eu pensava. Eu pensava, e talvez chegue mesmo a isso, eu pensava que eles não eram para ser lidos.

É um bom começo.

1

A letra, lê-se, como uma carta. Parece mesmo feita no prolongamento da palavra. Lê-se, e literalmente. Mas não é justamente a mesma coisa ler uma letra, ou bem ler. É evidente que, no discurso analítico, só se trata disto, do que se lê e tomando como o que se lê para além do que vocês incitaram o sujeito a dizer, que não é tanto, como sublinhei da última vez, dizer tudo, mas dizer não importa o quê, sem hesitar em dizer besteiras.

Isto supõe que desenvolvamos esta dimensão, o que não se pode fazer sem dizê-la. O que que é a dimensão da besteira? A besteira, pelo menos esta que se pode proferir, não vai muito longe. No discurso corrente, seu circuito é curto.

É o de que garanto para mim, quando, o que não faço jamais sem tremer, retorno ao que, no tempo, eu proferi. Isto me dá sempre um santo medo, medo justamente de ter dito besteiras, quer dizer, algo que, em razão do que adianto agora, eu pudesse considerar como não podendo se manter.

Graças a alguém que retoma este Seminário — o primeiro ano na Escola Normal sairá em breve — pude ter como que o sentimento, que reencontro por vezes em prova, de que o que adiantei aquele ano não era tão besta e, pelo menos, não o era a ponto de me ter impedido de adiantar outras coisas, as quais me parecem, porque aí estou agora, que elas se agüentam.

Não deixa de acontecer que esse *reler-se* represente uma dimensão que tem que ser situada em relação ao que é, no que diz respeito ao discurso analítico, a função do que se lê.

O discurso analítico tem, a esse respeito, um privilégio. Foi de lá que parti nisso que me fez data, pelo que ensino — não é talvez tanto sobre o *eu* que o acento deve ser posto, isto é, sobre o que *eu* possa proferir, mas sobre o *de*, quer dizer, sobre o de onde vem isso, esse ensino de que sou efeito. Depois, fundei o discurso analítico por uma articulação precisa, que se escreve no quadro com quatro letras, duas barras e cinco traços, que ligam cada uma dessas letras duas a duas. Um desses traços — pois havendo quatro letras deveria haver seis traços — falta.

Esta escrita é parte de um lembrete inicial, de que o discurso analítico é esse modo novo de relação, fundado apenas pelo que funciona como fala, e isto, em algo que podemos definir como um campo. *Função e campo*, eu escrevi, *da fala e da linguagem*, e terminei, *em psicanálise*, o que era designar o que constitui a originalidade desse discurso que não é homogêneo a um certo número de outros que oficiam e que, só por este fato, distinguimos como discursos oficiais. Trata-se de distinguir qual é o ofício do discurso analítico, e de torná-lo, se não oficial, pelo menos oficiante.

E é neste discurso que se trata de precisar qual pode ser, se ela é específica, a função do escrito no discurso analítico.

Para permitir explicar as funções desse discurso, adiantei o uso de um certo número de letras. Primeiro, o *a*, que chamo de *objeto*, mas que de qualquer modo não é nada mais que uma letra. Depois o A, que faço funcionar no que, pela proposição, não tomou fórmula senão escrita, e que produziu a lógica-matemática. Designo com ele o que, de começo, é um lugar. Eu disse — *o lugar do Outro.*

Para que pode servir uma letra ao designar um lugar? É claro que aí há algo de abusivo. Quando vocês abrem, por exemplo, a primeira página do que foi enfim reunido, em forma de edição definitiva, com o título de *A teoria dos conjuntos*, e sob a égide de um autor fictício com o nome de Nicolas Bourbaki, o que vocês vêem é que se põe em jogo certo número de signos lógicos. Um entre eles designa a função de *lugar* como tal. Ele se escreve com um quadradinho — □.

Portanto, não fiz uso estrito da letra quando disse que o lugar do Outro se simbolizava pela letra A. Por outro lado, eu a marquei duplicando-o com esse S que aqui quer dizer significante, significante do A no que ele é barrado — S(Ⱥ). Com isto ajuntei uma dimensão a esse lugar do A, mostrando que, como lugar, ele não se agüenta, que ali há uma falha, um furo, uma perda. O objeto *a* vem funcionar em relação a essa perda. Aí está algo de completamente essencial à função da linguagem.

Fiz uso enfim desta letra, Φ, a distinguir-se pela função unicamente significante que se promove, na teoria analítica, até então, com o termo de Falo. Trata-se aí de algo original que especifico hoje precisar-se em seu relevo pela escrita mesma.

Se essas três letras são diferentes, é que elas não têm a mesma função.

Trata-se agora de discernir, retomando-se o fio do discurso analítico, o que essas letras introduzem na função do significante.

2

A escrita não é de modo algum do mesmo registro, da mesma cepa, se vocês me permitem esta expressão, que o significante.

O significante é uma dimensão que foi introduzida pela lingüística. A lingüística, no campo em que se produz a fala, não é algo espontâneo. Um discurso a sustém, que é o discurso científico. Ela introduz na fala uma dissociação graças à qual se funda a distinção do significante e do significado. Ela divisa o que no entanto parece espontâneo. É que, quando falamos, isso significa, isso comporta o significado e, ainda mais, até certo ponto, isso só se suporta pela função de significação.

Distinguir a dimensão do significante só ganha relevo ao se colocar que o que vocês entendem, no sentido auditivo do termo, não tem nenhuma relação com o que isso significa. Aí está um ato que só se institui por um discurso, o discurso científico. Isso não é espontâneo. Isso é mesmo tão pouco espontâneo que todo um discurso, que não é de má pena pois que é o *Crátilo* do chamado Platão, é feito no esforço de mostrar que bem deve haver uma relação nisso, e que o significante quer dizer, em si mesmo, alguma coisa. Esta tentativa, que podemos dizer, de onde estamos, desesperada, está marcada de impasse, pois, de um outro discurso, do discurso científico, de sua instauração mesma, e de uma maneira pela qual não há que se procurar a história, vem o seguinte, que o significante só se coloca como não tendo nenhuma relação com o significado.

Esses termos de que fazemos uso são sempre eles próprios escorregadios. Um lingüista tão pertinente quanto pôde sê-lo Ferdinand de Saussure fala de arbitrário. Isto é um deslize, deslizamento para um outro discurso, o do senhor para chamá-lo pelo nome. O arbitrário não é o que convém aqui.

Quando desenvolvemos um discurso, devemos sempre tentar, se queremos ficar em seu campo, não recair num outro, dar-lhe sua consistência e só sair dele com uma boa razão. Esta vigilância é ainda mais necessária quando se trata do que seja um discurso. Dizer que o significante é arbitrário não é do mesmo porte que dizer simplesmente que ele não tem relação com seu efeito de significado, pois é escorregar para uma outra referência.

A palavra *referência*, na ocasião, só se pode situar pelo que constitui como liame o discurso. O significante como tal não se refere a nada, a não ser que se refira a um discurso, quer dizer, a um modo de funcionamento, a uma utilização da linguagem como liame.

Ainda temos que precisar nesta ocasião o que quer dizer esse liame. O liame — não podemos fazer outra coisa senão passar imediatamente a isto — é um liame entre aqueles que falam. Vocês logo vêem aonde vamos — aqueles que falam, certamente, não são não importa quem, são seres que estamos habituados a qualificar de vivos e, talvez, é muito difícil excluir, daqueles que falam, a dimensão da vida. Mas logo percebemos que essa dimensão faz entrar ao mesmo tempo a da morte, e que daí resulta uma radical ambigüidade significante. A única função pela qual a vida pode definir-se, isto é, a reprodução de um corpo, não pode ela própria intitular-se nem como vida nem como morte, pois, como tal, enquanto sexuada, ela comporta as duas, vida e morte.

Já aqui, por mais nada a não ser por avançarmos na corrente do discurso analítico, demos esse salto que se chama *concepção do mundo*, e que deve entretanto ser para nós o que há de mais cômico. O termo concepção do mundo supõe um discurso inteiramente outro que não o nosso, o da filosofia.

Nada é menos garantido, se saímos do discurso filosófico, do que a existência de um mundo. Só há mesmo ocasião para sorrir quando se ouve colocar, sobre o discurso analítico, que ele comporta qualquer coisa da ordem da tal concepção.

Eu diria mesmo mais — colocar tal termo para designar o marxismo, faz igualmente sorrir. O marxismo não me parece poder passar por concepção do mundo. A isto é contrário, por toda sorte de coordenadas contundentes, o enunciado do que diz Marx. É outra coisa, que chamarei um evangelho. É a anunciação de que a história instaura uma outra dimensão de discurso, e abre a possibilidade de subverter completamente a função do discurso como tal e, falando propriamente, do discurso filosófico, na medida em que sobre ele repousa uma concepção do mundo.

De maneira geral, verifica-se que a linguagem é um campo mais rico de recursos do que simplesmente ser aquele onde se inscreve, no curso dos tempos, o discurso filosófico. Porém, desse discurso, certos pontos de reparo são enunciados, os quais são difíceis de eliminar completamente de todo uso da linguagem. Por isso, nada mais fácil do que recair no que chamei ironicamente concepção do mundo, mas que tem um nome mais moderado e mais preciso, ontologia.

A ontologia é o que valorizou na linguagem o uso da cópula, isolando-a como significante. Parar no verbo *ser* — esse verbo que não é nem mesmo, no campo completo da diversidade das línguas, de uso que pudéssemos qualificar de universal — produzi-lo como tal, eis uma ênfase cheia de riscos.

Para exorcizá-la, bastaria talvez colocar que quando dizemos, sobre o que quer que seja, que aquilo é o que é, nada obriga, de modo algum, a isolar o verbo *ser*. Isto se pronuncia *é o que é*, e poderia muito bem escrever-se *éoqué*. Não se veria senão fogo nesse uso da cópula. Não se veria senão fogo se um discurso, que é o discurso do Senhor, para *sê-lo*, não pusesse o acento no verbo *ser*.

É esse algo que Aristóteles olha duas vezes antes de adiantar, pois, para designar o ser que ele opõe ao τὸ τί ἐστι, à qüididade, ao que isso é, chega a empregar o τό τί ἦν εἶναι — o que seria produzido se tivesse vindo a ser, simplesmente, o que era para ser. Parece que, aí, o pedículo se conserva, permitindo-nos situar de onde se produz esse discurso do ser — é simplesmente o ser à vontade, o ser às ordens, o que ia ser se você tivesse ouvido o que eu mando.

Toda dimensão do ser se produz na corrente do discurso do Senhor, daquele que, proferindo o significante, espera pelo que é um de seus efeitos de liame que não deve ser negligenciado, que se atém ao fato de que o significante comanda. O significante é, de saída, imperativo.

Como retornar, senão por um discurso especial, a uma realidade pré-discursiva? Aí está o que é o sonho — o sonho, fundador de toda idéia de conhecimento. Mas também está aí o que deve ser considerado como mítico. Não há nenhuma realidade pré-discursiva. Cada realidade se funda e se define por um discurso.

É nisso que importa que percebamos do que é feito o discurso analítico, e que não ignoremos isso que sem dúvida tem nele apenas um lugar limitado, isto é, que nele se fala daquilo que o verbo foder enuncia perfeitamente. Nele se fala de foder — verbo, em inglês *to fuck* — e se diz que a coisa não vai.

É uma parte importante do que se confia no discurso analítico, e importa sublinhar que não é seu privilégio. É também o que se exprime no que chamei há pouco o discurso corrente. Escrevam assim: *disco-corrente*, *discorrente*, disco também fora de campo, fora do jogo de qualquer discurso, apenas disco portanto — ele gira, ele corre, ele gira muito exatamente para nada. O disco se acha exatamente no campo a partir do qual todos os discursos se especificam e onde todos se enlaçam, onde cada um deles é capaz, inteiramente também capaz, de enunciar tanto quanto outro, mas, por zelo do que chamamos, por razão muito justa, de *decência*, o faz, meu Deus, o menos possível.

O que, com efeito, constitui o fundo da vida, é que, para tudo que diz respeito à relação entre os homens e as mulheres, o que chamamos coletividade, a coisa não vai. A coisa não vai, e todo mundo fala disto, e uma grande parte de nossa atividade se passa a dizer isto.

O que não impede que não haja nada de sério se não for o que se ordena de outra maneira como discurso. Até isto inclusive, que essa relação, essa relação sexual, na medida em que a coisa não vai, ela vai assim mesmo — graças a um certo número de convenções, de interdições, de inibições, que são efeitos da linguagem e só se devem tomar como deste estofo e deste registro. Não há a mínima realidade pré-discursiva, pela simples razão de que o que faz coletividade, e que chamei de os homens, as mulheres e as crianças, isto não quer dizer nada como realidade pré-discursiva. Os homens, as mulheres e as crianças não são mais do que significantes.

Um homem, isto não é outra coisa senão um significante. Um homem procura uma mulher — isto vai lhes parecer curioso — a título do que se situa pelo discurso, pois, se o que aqui coloco é verdadeiro, isto é, que a mulher não é toda, há sempre alguma coisa nela que escapa ao discurso.

3

Trata-se de saber o que, num discurso, se produz por efeito da escrita.

Como vocês bem sabem, talvez — vocês sabem disso de algum modo se leram o que escrevo —, o significante e o significado, não é apenas que a lingüística os tenha distinguido. Talvez a coisa lhes pareça ser espontânea. Mas justamente é por considerar que as coisas são espontâneas que não vemos nada do que no entanto temos diante dos olhos, diante dos olhos no que concerne à escrita. A lingüística não só distinguiu um do outro, o significante e o significado. Se há alguma coisa que possa nos introduzir à dimensão da escrita como tal, é nos apercebermos de que o significado não tem nada a ver com os ouvidos, mas somente com a leitura, com a leitura do que se ouve de significante. O significado não é aquilo que se ouve. O que se ouve é significante. O significado é efeito do significante.

Distingue-se aí algo que não passa de efeito do discurso, do discurso enquanto tal, quer dizer, de algo que já funciona como liame. Tomemos as coisas no nível de um escrito que é, ele próprio, efeito do discurso, de discurso científico, seja, a escrita do *S*, feita para conotar o lugar do significante, e do *s* com que se conota o lugar do significado — esta função de lugar só é criada pelo próprio discurso. Cada um em seu lugar, isto só funciona dentro do discurso.

Muito bem, entre os dois, *S* e *s*, há a barra, $\frac{S}{s}$.

Parece não ser nada vocês escreverem uma barra para explicar. Esta palavra, *explicar*, tem a maior importância, pois não há meio algum de compreender uma barra, mesmo quando ela se reserva a significar a negação.

É muito difícil compreender o que quer dizer isto, a negação. Se olhamos um pouco mais de perto, percebemos, em particular, que há uma variedade muito grande de negações, que são absolutamente impossíveis de reunir no mesmo conceito. A negação da existência, por exemplo, não é de modo algum a mesma coisa que a negação da totalidade.

Há uma coisa que é ainda mais certa — acrescentar a barra à notação *S* e *s* já é algo de supérfluo, se não fútil, na medida em que o que ela faz valer já está marcado pela distância da escrita. A barra, como tudo que é da escrita, só tem suporte nisto — o escrito, isso não é algo para ser compreendido.

É mesmo por isso que vocês não são forçados a compreender os meus. Se vocês não os compreendem, tanto melhor, isto lhes dará justamente oportunidade para explicá-los.

A barra é a mesma coisa. A barra é precisamente o ponto onde, em qualquer uso da língua, se dá a oportunidade de que se produza o escrito. Se em Saussure mesmo *S* está acima de *s*, sobre a barra, é porque nada, dos efeitos do inconsciente, tem suporte senão graças a essa barra — foi o que lhes pude demonstrar em *A instância da letra*, que faz parte dos meus *Escritos*, de maneira que se escreve, nada mais.

Se não houvesse essa barra, com efeito, nada poderia ser explicado, da linguagem, pela lingüística. Se não houvesse essa barra acima da qual há significante passando, vocês não poderiam ver que há injeção de significante no significado.

Se não houvesse discurso analítico, vocês continuariam a falar como papagaios, a cantar o *disc-cursocorrente*, a fazer girar o disco, esse disco que gira porque *não há relação sexual* — isto é uma fórmula, que só se pode articular graças a toda a construção do discurso analítico, e que há muito tempo eu lhes ladainho.

Mas, por lhes ladainhar, ainda tenho que explicá-la — ela só tem suporte na escrita, no que a relação sexual não se pode escrever. Tudo que é escrito parte do fato de que será para sempre impossível escrever como tal a relação sexual. É daí que há um certo efeito do discurso que se chama a escrita.

Podemos, a rigor, escrever *xRy*, e dizer que *x* é o homem, que *y* é a mulher e *R* é a relação sexual. Por que não? Só que é uma besteira, porque o que se suporta sob a função do significante, de *homem*, e de *mulher*, são apenas significantes absolutamente ligados ao uso *discorrente* da linguagem. Se há um discurso que lhes demonstre isto, é mesmo o discurso analítico, ao pôr em jogo o seguinte, que a mulher não será jamais tomada senão *quoad matrem*. A mulher só entra em função na relação sexual enquanto *mãe*.

Aí estão verdades maciças, mas que nos levarão mais longe, graças a quê? Graças à escrita. Ela não fará objeção a esta primeira aproximação, pois é assim que ela mostrará ser uma suplência desse não-todo sobre o qual repousa o gozo da mulher. Para esse gozo que ela é, não-toda, quer dizer, que a faz em algum lugar ausente de si mesma, ausente enquanto sujeito, ela encontrará, como rolha, esse *a* que será seu filho.

Do lado do *x*, quer dizer, do que seria o homem se a relação sexual pudesse escrever-se de maneira sustentável, sustentável num discurso, o homem não é mais que um significante, porque, onde ele entra em jogo como significante, ele só entra *quoad castrationem*, quer dizer, enquanto tendo relação com o gozo fálico. De sorte que foi a partir do momento que um discurso, o discurso analítico, abordou esta questão seriamente e colocou que a condição da escrita é que ela se sustente por um discurso, que tudo escapa, e que, a relação sexual, vocês não poderão jamais escrevê-la — escrevê-la com um verdadeiro escrito, enquanto aquele que, da linguagem, se condiciona por um discurso.

4

A letra, radicalmente, é efeito de discurso.

O que há de bom, não é?, no que lhes conto, é que é sempre a mesma coisa. Não que eu me repita, não é esta a questão. É que, o que eu digo anteriormente ganha sentido depois.

A primeira vez, pelo que me lembro, que falei da letra — deve haver bem uns 15 anos, em alguma parte de Sainte-Anne notei este fato, que todo mundo conhece quando lê um pouco, o que não acontece a todo mundo, que um chamado sir Flinders Petrie acreditou mostrar que as letras do alfabeto fenício se achavam, bem antes do tempo da Fenícia, sobre pequenas cerâmicas egípcias, onde elas serviam de marcas de fábrica. Isto quer dizer que foi do mercado, que é tipicamente um efeito de discurso, que a letra veio, primeiro, antes de quem quer que seja ter sonhado usar letras para fazer o quê? — algo que não tem nada a ver com a conotação do significante, mas que a elabora e a aperfeiçoa.

Teríamos que tomar as coisas no nível da história de cada língua. É claro que essa letra, que nos enlouquece tanto que a chamamos, Deus sabe por quê, com um nome diferente, *caractere*, a letra chinesa nominalmente, saiu do discurso chinês muito antigo de maneira completamente diferente de como apareceram nossas letras. Por saírem do discurso analítico, as letras que aqui tiro têm valor diferente das que podem sair da teoria dos conjuntos. O uso que fazemos delas difere e, no entanto — isto é o que importa —, não deixa de haver certa relação de convergência. Não importa qual efeito de discurso tem isto de bom — que ele é feito da letra.

Tudo isto é só um começo do que terei oportunidade de desenvolver, distinguindo o uso da letra na álgebra e o uso da letra na teoria dos conjuntos. Por ora, quero simplesmente fazê-los notar isto — que o mundo, o mundo está em decomposição, graças a Deus. O mundo, vemos que ele não mais se agüenta, pois, mesmo no discurso científico, é claro que não há mais o mínimo mundo. A partir do momento em que vocês podem ajuntar aos átomos um troço que se chama *quark*, e que é ali o verdadeiro fio do discurso científico, vocês têm de qualquer modo que se dar conta de que se trata de outra coisa que não um mundo.

É preciso que vocês se ponham mesmo a ler um pouco os autores — não direi do tempo de vocês, não lhes direi que leiam Phillipe Sollers, ele é ilegível, como eu aliás —, mas vocês podem ler Joyce, por exemplo. Ali vocês verão como a linguagem se aperfeiçoa quando se trata de jogar com a escrita.

Joyce, acho mesmo que não seja legível — não é certamente traduzível em chinês. O que é que se passa em Joyce? O significante vem rechear o significado. É pelo fato de os significantes se embutirem, se comporem, se engavetarem — leiam *Finnegans Wake* — que se produz algo que, como significado, pode parecer enigmático, mas que é mesmo o que há de mais próximo daquilo que nós analistas, graças ao discurso analítico, temos de ler — o lapso. É a título de lapso que aquilo significa alguma coisa, quer dizer, que aquilo pode ser lido de uma infinidade de maneiras diferentes. Mas é precisamente por isso que aquilo se lê mal, ou que se lê de través, ou que não se lê. Mas esta dimensão do *ler-se*, não é ela suficiente para mostrar que estamos no registro do discurso analítico?

O de que se trata no discurso analítico é sempre isto — ao que se enuncia de significante, vocês dão sempre uma leitura outra que não o que ele significa.

Para me fazer compreender, vou tomar como referência o que vocês lêem, o grande livro do mundo. Vejam o vôo de uma abelha. Ela vai de flor em flor, ela coleta. O que vocês aprendem é que ela vai transportar, na ponta de suas patas, o pólen de uma flor para o pistilo de outra flor. Isto é o que vocês lêem no vôo da abelha. No vôo de um pássaro que voa baixo — vocês chamam isto um vôo, mas, na realidade, é um grupo, num certo nível — vocês lêem que vai haver tempestade. Mas será que, eles, lêem? Será que a abelha lê que ela serve à reprodução das plantas fanerógamas? Será que o pássaro lê o augúrio da fortuna, como diziam antigamente, quer dizer, da tempestade?

Aí é que está toda a questão. Antes de mais nada, não está excluído que a andorinha leia a tempestade, mas também não se está certo disto.

No discurso analítico de vocês, o sujeito do inconsciente, vocês supõem que ele sabe ler. E não é outra coisa, essa história do inconsciente, de vocês. Não só vocês supõem que ele sabe ler, como supõem que ele pode aprender a ler.

Só que, o que vocês o ensinam a ler, não tem, então, absolutamente, nada a ver, em caso algum, com o que vocês possam escrever a respeito.

9 de janeiro de 1973

IV

O Amor e o Significante

O Outro sexo.
Contingência do significante, rotina do significado.
O fim do mundo e o para-esser.
O amor supre a ausência da relação sexual.
Os Uns.

O que é que posso ainda ter para lhes dizer, depois de todo o tempo que isto está durando, e que não tem todos os efeitos que eu gostaria? Muito bem, justamente por causa do que tenho a dizer, isto não falta.

Entrementes, como não se poderia dizer tudo, e por esta causa, estou reduzido a esta vereda estreita que faz com que, a cada instante, eu precise me guardar de deslizar de novo para o que já está feito daquilo que se disse.

É por isso que hoje vou tentar, mais uma vez, manter essa difícil travessia, pois temos um horizonte estranho a ser qualificado, dado o meu título, por esse *Mais, ainda.*

1

Da primeira vez que lhes falei, enunciei que o gozo do Outro, que eu disse simbolizado pelo corpo, não é signo do amor.

Naturalmente que isto cola, porque sentimos que é do mesmo nível do que constituiu o dizer precedente, e que isto não cede.

Há, dentro disto, alguns termos que merecem ser comentados. O gozo é mesmo o que tento tornar presente por esse dizer mesmo. Esse *Outro*, ele está mais do que nunca posto em questão.

O Outro deve, por um lado, ser novamente martelado, espedaçado, para que tome seu pleno sentido, sua ressonância completa. Por outro lado, convém colocá-lo como termo que se baseia no fato de que sou eu que falo, que só posso falar de onde estou, identificado a um puro significante. O homem, uma mulher, eu disse da última vez, não são nada mais que significantes. É daí, do dizer enquanto encarnação distinta do sexo, que eles recebem sua função.

O Outro, na minha linguagem, só pode ser portanto o Outro sexo.

O que há com esse Outro? O que há com sua posição em vista desse retorno pelo qual se realiza a relação sexual, isto é, um gozo, que o discurso analítico decantou como função do Falo, cujo enigma resta inteiro, pois ela só se articula por fatos de ausência?

Contudo, é de dizer que aí se trata, como se acreditou poder traduzir depressa demais, do significante daquilo que falta no significante? Aí está o que este ano deve pôr um ponto final, e dizer, do Falo, qual é, no discurso analítico, a função. Direi por ora que o que eu trouxe, da última vez, como função da barra, não deixa de ter relação com o Falo.

Resta a segunda parte da frase ligada à primeira por um *não é* — *não é o signo do amor.* E teremos mesmo, este ano, que articular o que ali está como pivô de tudo que se instituiu pela experiência analítica — o amor.

O amor, há muito tempo que só se fala disso. Será que preciso acentuar que ele está no coração do discurso filosófico? Está aí com certeza o que nos deve pôr em guarda. Da última vez, fiz vocês entreverem o discurso filosófico como o que ele é, uma variante do discurso do Senhor. Pude igualmente dizer que o amor visa ao ser, isto é, aquilo que, na linguagem, mais escapa — o ser que, por um pouco mais, ia ser, ou, o ser que, justamente por ser, fez surpresa. E pude acrescentar que esse ser é talvez muito próximo do significante *sê-lo*, é talvez o ser no comando, e que aí há o mais estranho dos logros. Não é também para nos comandar que interrogamos no que é que o signo se distingue do significante?

Eis, então, quatro pontos — o gozo, o Outro, o signo, o amor.

Leiamos o que se emitiu num tempo em que o discurso do amor se confessava ser o do ser, abramos o livro de Richard de Saint-Victor sobre a trindade divina. É do ser que partimos, do ser enquanto concebido — perdoem-me este deslizamento de escrita na minha fala — como o *é-terno*, e isto, depois da elaboração, no entanto tão temperada, de Aristóteles, e sob a influência, sem dúvida, da irrupção do *sou o que sou*, que é o enunciado da verdade judaica.

Quando a idéia do ser — até então só aproximada, roçada — vem a culminar nesse seu violento arrancamento da função do tempo pelo enunciado do eterno, disso resultam estranhas conseqüências. Há, diz Richard de Saint-Victor, o ser que, eterno, o é por si mesmo, o ser que, eterno, não o é por si mesmo, o ser que, não eterno, não tem esse ser frágil, se não inexistente, não o tem por si mesmo. Mas o ser não eterno que é por si mesmo, não existe. Das quatro subdivisões que se produzem pela alternância da afirmação e da negação do eterno e do *por si mesmo*, esta última é a única que parece, ao Richard de Saint-Victor em questão, dever ser afastada.

Não estará aí o de que se trata no que concerne ao significante? Isto é, que nenhum significante se produz como eterno.

É aí sem dúvida que, antes que qualificá-lo de arbitrário, Saussure podia ter tentado formular — o significante, melhor teria valido colocá-lo com a categoria de contingente. O significante repudia a categoria de eterno e, no entanto, singularmente, ele é por si mesmo.

Não é claro para vocês que ele participa, para empregar uma abordagem platônica, desse nada a partir de onde a idéia criacionista nos diz que algo de absolutamente original foi feito *ex nihilo*?

Não haverá aí alguma coisa que lhes apareça — se é que a paresia da preguiça de vocês pode ser despertada por alguma aparição — na *Gênese*? Ela não nos conta outra coisa senão a criação — de nada, com efeito — do quê? — de nada mais que significantes.

Uma vez surgida essa criação, ela se articula pela nomeação do que é. Não está aí a criação em sua essência? E quando Aristóteles não pode deixar de enunciar que se jamais houve alguma coisa foi desde sempre que ela estava aí, não se tratará, na idéia criacionista, da criação a partir de nada, e, portanto, do significante?

Não está aí o que encontramos naquilo que, ao se refletir numa concepção do mundo, se enunciou como revolução copernicana?

2

Há muito tempo que ponho em dúvida o que Freud quanto à tal revolução acreditou poder adiantar. O discurso da histérica lhe ensinou essa outra substância que se esteia inteiramente no fato de haver significante. Ao recolher o efeito desse significante, no discurso da histérica, ele soube fazê-lo girar desse quarto-de-volta que o tornou o discurso analítico.

A noção mesma de quarto-de-volta evoca a revolução, mas certamente que não no sentido em que revolução é subversão. Muito ao contrário, o que gira — é o que chamamos revolução — está destinado, por seu enunciado mesmo, a evocar o retorno.

Com certeza, não estamos de modo algum no término desse retorno, pois já é de maneira bem penosa que esse quarto-de-volta se realiza. Mas não é demais lembrar que, se houve revolução em algum lugar, não foi certamente no nível de Copérnico. Há muito tempo que a hipótese havia sido colocada, de que o Sol era talvez mesmo o centro em torno do qual se girava. Mas o que importa? O que importava aos matemáticos era, com certeza, o ponto de partida disso que gira. A eterna viração das estrelas da última das esferas supunha, segundo Aristóteles, a esfera do imóvel, causa primeira do movimento das que giram. Se as estrelas giram, é porque a Terra gira sobre si mesma. Já é de maravilhar que, desta virada, desta revolução, deste girar eterno da esfera estelar, se tenham encontrado homens para forjar outras esferas, conceber o sistema dito ptolomaico, e fazer girar os planetas, que se acham em vista da Terra nessa posição ambígua de vaivém em dentes de crochê, segundo um movimento oscilatório.

Ter cogitado o movimento das esferas, não é uma realização extraordinária? A isto Copérnico só acrescentou esta nota, que talvez o movimento das esferas intermediárias pudesse exprimir-se de outro modo. Que a Terra estivesse no centro ou não, não era o que mais lhe importava.

A revolução copernicana não é de modo algum uma revolução. Se o centro de uma esfera é suposto, num discurso que é apenas analógico, constituir o ponto-chave, o fato de trocar esse ponto, de fazê-lo ser ocupado pela Terra ou pelo Sol, não tem nada em si que subverta o que o significante *centro* conserva por si mesmo. Longe de o homem — o que se designa com este termo, que não é senão o que faz significar — ter sido jamais sacudido pela descoberta de que a Terra não está no centro, ele a substituiu muitíssimo bem pelo Sol.

Está claro que agora é evidente que o Sol não é, também ele, um centro, e que ele passeia através do espaço, cujo estatuto é cada vez mais precário de estabelecer. O que resta no centro é essa boa rotina que faz com que o significado guarde, no fim das contas, sempre o mesmo sentido. Este sentido é dado pelo sentimento, que cada um tem, de fazer parte de seu mundo, quer dizer, de sua familiazinha e de tudo que gira ao redor. Cada um de vocês — falo mesmo para os esquerdistas —, vocês estão ligados nisso mais do que crêem, e numa medida da qual vocês fariam bem em contar os palmos. Um certo número de preconceitos lhes dão assento e limitam o vulto das insurreições de vocês ao termo mais curto, àquele, muito precisamente, em que isso não lhes traga nenhum incômodo, e, nominalmente, não dentro de uma concepção do mundo que permanece, ela, perfeitamente esférica. O significado acha seu centro onde quer que vocês o carreguem. E, até nova ordem, não é o discurso analítico, tão difícil de sustentar em seu descentramento, e que ainda não teve entrada na consciência comum, que pode de modo algum subverter o que quer que seja.

No entanto, se permitem que eu me sirva mesmo assim desta referência copernicana, acentuarei o que ela tem de efetivo. Não é trocar o centro.

Isso gira. O fato continua a manter para nós todo o seu valor, por mais reduzido que ele seja, no fim das contas, e motivado somente pelo fato de a terra girar e de nos parecer, por isso, que é a esfera celeste que gira. Ela continua, muito bem, girando, e tem toda sorte de efeitos, por exemplo, o de ser em anos que vocês contam suas idades. A subversão, se ela existiu em algum lugar e em algum momento, não é ter-se trocado o ponto de rotação do que gira, é ter-se substituído o *isso gira* por um *isso cai*.

O ponto vivo, como alguns tiveram a idéia de se aperceberem, não é Copérnico, é mais um pouco Kepler, por causa do fato de que, nele, isso não gira do mesmo modo — isso gira em elipse, e já põe em questão a função do centro. O ponto para onde isso cai, em Kepler, é um ponto da elipse que se chama foco e, no ponto simétrico, não há nada. Isto seguramente é corretivo dessa imagem do centro. Mas o *isso cai* só tem peso de subversão ao chegar a quê? A isto, e nada mais:

$$F = g \frac{mm'}{d^2}$$

É neste escrito, no que se resume nestas cinco letrinhas escritas na palma da mão, e mais um número, que consiste o que atribuem indevidamente a Copérnico. É isto que nos arranca da função imaginária, e no entanto fundada no real, da revolução.

O que é produzido na articulação desse novo discurso que emerge como discurso da análise, é que o ponto de partida é tomado sobre a função do significante, bem longe de se admitir, pelo vivido do próprio fato, o que o significante carregue por seus efeitos de significado.

Foi a partir dos efeitos de significado que se edificou a estruturação que lhes recordei. Através dos tempos, pareceu natural que um mundo se constituísse, e o correlato disto era, no além, o ser mesmo, o ser tomado como eterno. Esse mundo, concebido como um todo, com tudo aquilo que este termo comporta, qualquer que seja a abertura que lhe dêem, de limitado, continua sendo uma concepção — é mesmo esta a palavra —, uma vista, um modo de olhar, uma tomada, imaginária. Do que resulta isto, que continua estranho, que um alguém, uma parte desse mundo, seja de saída suposto poder tomar conhecimento dele. Esse Um aí se acha nesse estado que podemos chamar existência, pois como poderia ele ser suporte do *tomar conhecimento*, se não fosse existente? Aí é que sempre se marcou o impasse, a vacilação resultante dessa cosmologia que consiste na admissão de um mundo. Ao contrário, não será que no discurso analítico há algo com que nos introduzirmos a que toda substância, toda persistência do mundo como tal, deve ser abandonada?

A linguagem — a língua forjada do discurso filosófico — é tal que, a todo instante, como vocês vêem, nada posso fazer senão tornar a escorregar para dentro desse mundo, desse suposto de uma substância impregnada da função do ser.

3

Seguir o fio do discurso analítico não tende para nada menos do que refraturar, encurvar, marcar com uma curvatura própria, e por uma curvatura que não poderia nem mesmo ser mantida como sendo como a das linhas de força, aquilo que produz como tal a falha, a descontinuidade. Nosso recurso é, na alíngua, o que a fratura. Se bem que nada pareça melhor constituir o horizonte do discurso analítico do que esse emprego que se faz da letra em matemática. A letra revela no discurso o que, não por acaso, não sem necessidade, é chamado de gramática. A gramática é aquilo que, da linguagem, só se revela por escrito.

Para além da linguagem, este efeito que se produz por se suportar somente na escrita, está com certeza o ideal da matemática. Ora, recusar-se à referência à escrita é proibir-se aquilo que, de todos os efeitos da linguagem, pode chegar a se articular. Essa articulação se faz naquilo que resulta da linguagem o que quer que façamos, isto é, um suposto aquém, e um além.

Supor um aquém — bem sentimos que só há nisso uma referência intuitiva. E, no entanto, esta suposição é ineliminável porque a linguagem, em seu efeito de significado, não é jamais senão lateral ao referente. Daí, não será verdadeiro que a linguagem nos impõe o ser e nos obriga como tal a admitir que, do ser, jamais temos nada?

Ao que temos que nos romper, é a substituir esse ser que fugiria pelo *para-esser*, digamos, o *para*-ser, o ser na lateral.

Digo o *para-esser* e não o parecer, como sempre se disse o fenômeno, aquilo para além do que haveria essa coisa, o noumeno — que, no menos, no menos nos levou a todas as opacificações que se nomeiam justamente por obscurantismo. É no ponto mesmo de onde brotam os paradoxos de tudo que chega a se formular como efeito da escrita que o ser se apresenta, se apresenta sempre, por para-esser.

Seria preciso aprender a conjugar como se deve — eu para-sou, tu para-és, nós para-somos, e assim por diante.

É mesmo em relação ao para-esser que devemos articular o que vem em suplência à relação sexual enquanto inexistente. É claro que, em tudo que disto se aproxima, a linguagem só faz manifestar sua insuficiência.

O que vem em suplência à relação sexual, é precisamente o amor.

O Outro, o Outro como lugar da verdade, é o único lugar, embora irredutível, que podemos dar ao termo *ser divino*, Deus, para chamá-lo daquele nome, para chamá-lo por seu nome. Deus é propriamente o lugar onde, se vocês me permitem o jogo, se produz o *deus-ser* — o *deuzer* — o *dizer*. Por um nada, o dizer faz Deus ser. E enquanto se disser alguma coisa, a hipótese Deus estará aí.

É isto que faz com que, em suma, não possam existir verdadeiros ateus senão teólogos, quer dizer, aqueles que, de Deus, eles falam.

Nenhum outro meio de sê-lo, senão escondendo-se a cabeça com os braços em nome de não sei que cagaço, como se alguma vez esse Deus tivesse efetivamente manifestado qualquer presença. Por outro lado, é impossível dizer o que quer que seja sem logo fazê-Lo subsistir na forma do Outro.

Coisa que é absolutamente evidente no menor encaminhamento disso que eu detesto pelas melhores razões, isto é, a História.

A História é precisamente feita para nos dar a idéia de que ela tem um sentido qualquer. Ao contrário, a primeira coisa que temos que fazer é partir do seguinte: que ali estamos diante de um dizer que é o dizer de um outro que nos conta suas besteiras, seus embaraços, seus impedimentos, suas emoções, e que é nisto que se trata de ler o quê? — nada, senão os efeitos desses dizeres. Esses efeitos, bem vemos no que é que isto agita, comove, atormenta os seres falantes. Certo que, para que isto chegue a alguma coisa, tem mesmo que servir, e que servir, meu Deus, para que eles se arranjem, para que eles se acomodem para que, mancos mancando, eles cheguem, mesmo assim, a dar uma sombra de vidinha a esse sentimento dito de amor.

É preciso, é mesmo preciso, é preciso que isso ainda dure. É preciso que, por intermédio desse sentimento, isso chegue, no fim das contas — como viram muito bem pessoas que, em vista disso tudo, tomaram suas precauções debaixo do quebra-mar da Igreja — à reprodução dos corpos.

Mas será que não se poderia dar que a linguagem tivesse outros efeitos além de levar as pessoas pela coleira a se reproduzirem em corpo ainda, em corpo a corpo mais e mais ainda, e em corpo encarnado, ainda?

De qualquer modo, há um outro efeito da linguagem, que é a escrita.

4

Da escrita, depois que a linguagem existe, nós vimos as mutações. O que se escreve é a letra, e a letra não se fabricou sempre da mesma maneira. Sobre isto, fazem história, a história da escrita, e quebram a cabeça imaginando para o que é que poderiam servir as pictografias maias e astecas e, um pouco mais longe, os calhaus de Mas-d'Azil — o que é que poderia ser aquilo, aqueles dados engraçados, o que é que se jogava com eles?

Colocar tais questões é a função habitual da História. Seria preciso dizer — sobretudo não toquem nessA GAdanha, inicial da História. O que seria uma boa maneira de reconduzir as pessoas à primeira das letras, aquela à qual eu me limito, a letra A — aliás, a Bíblia só começa com a letra B, ela deixou a letra A — para que eu me encarregue.

Há muito com que se instruir, não em procurar os calhaus de Mas-d'Azil, nem mesmo, como eu fazia dantes para meu público, meu público de analistas, indo procurar o entalhe sobre a pedra para explicar o traço unário — isto estava à altura do entendimento deles —, mas olhando mais de perto o que fazem os matemáticos com as letras, depois que, desprezando certo número de coisas, eles se puseram, da maneira mais fundada, com o nome de teoria dos conjuntos, a perceber que se podia abordar o Um de outra maneira, que não intuitiva, fusiva, amorosa.

Nós dois somos um só. Todo mundo sabe, com certeza, que jamais aconteceu, entre dois, que eles sejam só um, mas, enfim, *nós dois somos um só.* É daí que parte a idéia do amor. É verdadeiramente a maneira mais grosseira de dar à relação sexual, a esse termo que manifestamente escapa, o seu significado.

O começo da sabedoria deveria ser começar a perceber que é nisso que o velho pai Freud rompeu caminhos. Foi daí que parti, pois isto, a mim mesmo, me tocou um pouquinho. Aliás, poderia tocar qualquer um, não é?, ao perceber que o amor, se é verdade que ele tem relação com o Um, não faz ninguém sair de si mesmo. Se é isto, só isto, nada mais do que isto, que Freud disse ao introduzir a função do amor narcísico, todo mundo sente, sentiu, que o problema é de como é que pode haver um amor por um outro.

Esse Um de que todo mundo tem a boca cheia, é, primeiro, da natureza dessa miragem do Um que a gente acredita ser. O que não é dizer que o horizonte seja só este. Há tantos Uns quanto se queira — que se caracterizam, cada um deles, por não se parecerem em nada, ver a primeira hipótese do *Parmênides*.

A teoria dos conjuntos rompe ao colocar o seguinte — falemos do Um para coisas que não tenham entre si estritamente nenhuma relação. Ponhamos juntos objetos de pensamento, como se diz, objetos do mundo, cada qual conta como um. Ajuntemos essas coisas absolutamente heteróclitas, e nos demos o direito de designar esse ajuntamento por uma letra. É assim que se exprime em seu princípio a teoria dos conjuntos, aquela, por exemplo, que da última vez coloquei com o título de Nicolas Bourbarki.

Vocês deixaram passar isto, que eu disse, que a letra designa um ajuntamento. É o que está impresso no texto da edição definitiva à qual os autores — como vocês sabem, eles são múltiplos — acabaram por dar assentimento. Eles tomam mesmo o cuidado de dizer que as letras designam ajuntamentos. Aí é que está a timidez deles, e seu erro — as letras *constituem* os ajuntamentos, as letras *são*, e não *designam*, esses ajuntamentos, elas são tomadas como funcionando como esses ajuntamentos mesmos.

Vocês vêem que, ao conservar ainda esse *como*, me apego à ordem do que coloco quando digo que o inconsciente é estruturado *como* uma linguagem. Eu digo *como* para não dizer, sempre retorno a isto, que o inconsciente é estruturado *por* uma linguagem. O inconsciente é estruturado como os ajuntamentos de que se tratam na teoria dos conjuntos como sendo letras.

Uma vez que para nós se trata de tomar a linguagem como aquilo que funciona em suplência, por ausência da única parte do real que não pode vir a se formar em ser, isto é, a relação sexual — qual é o suporte que podemos encontrar ao não lermos senão letras? É no jogo mesmo da escrita matemática que temos de encontrar o ponto de orientação para o qual nos dirigir para, dessa prática, desse liame social novo que emerge e singularmente se estende, o discurso analítico, tirar o que se pode tirar quanto à função da linguagem, dessa linguagem na qual temos confiança para que esse discurso tenha efeitos, medianos sem dúvida, mas suficientemente suportáveis — para que esse discurso possa suportar e completar os outros discursos.

Há algum tempo, está claro que o discurso universitário deve ser escrito *univercitério*, pois, devendo expandir a educação sexual, ele conduz todos *unidos para o universo de Citera*. Veremos no que isto vai dar. A isto, sobretudo, não se tem que fazer obstáculo. Que, desse ponto do saber, que se põe exatamente na situação autoritária do semblante, algo possa difundir-se que tenha por efeito melhorar as relações dos sexos, é com certeza sob medida para provocar o sorriso de um analista. Mas, depois de tudo, quem sabe?

Já dissemos que o sorriso do anjo é o mais besta dos sorrisos, não se deve gabar-se jamais. Mas é claro que a idéia mesma de demonstrar no quadro-negro alguma coisa que se relacione com a educação sexual, não parece, do ponto de vista do discurso da análise, cheio de promessas de bons encontros ou de felicidade.

Se há alguma coisa que, nos meus *Escritos*, mostra que minha boa orientação, pois é aquela com que tento convencê-los, não data de ontem, é mesmo que, logo depois de uma guerra, quando nada evidentemente parecia prometer amanhãs dourados, escrevi *O tempo lógico e a asserção de certeza antecipada*. Pode-se ler muito bem ali, se se escreve, e não somente se se tem bom ouvido, que, a função da pressa, já é esse *a* minúsculo que a tetiza. Ali, valorizei o fato de que algo como uma intersubjetividade pode dar com uma saída salutar. Mas o que mereceria ser olhado mais de perto é o que suporta cada um dos sujeitos, não em ser um entre os outros, mas em ser, em relação aos dois outros, aquele que está em jogo no pensamento deles. Cada qual só intervindo nesse terno a título desse objeto *a* que ele é sob o olhar dos outros.

Em outros termos, eles são três, mas na realidade, são dois mais *a*. Esse dois mais *a*, no ponto do *a*, se reduz, não aos dois outros, mas a Um mais *a*. Vocês sabem, aliás, que já usei estas funções para tentar representar para vocês o inadequado da relação de Um a Outro, e que já dei como suporte a esse *a* minúsculo o número irracional que é o número dito de ouro. Na medida em que, pelo *a* minúsculo, os dois são tomados como Um mais *a*, é que funciona o que pode dar com uma saída na pressa.

Esta identificação, que se produz numa articulação ternária, funda-se no fato de que, em nenhum caso, dois como tais podem se agüentar como suporte. Entre dois, quaisquer que eles sejam, há sempre Um e Outro, o Um e o *a* minúsculo, e o Outro não poderia, em nenhum caso, ser tomado por um Um.

Na medida em que na escrita se joga com algo de brutal, de tomar por uns todos os uns que se quiser, é que os impasses que daí se destacam são por si mesmos, para nós, um acesso possível ao ser, e uma redução possível da função desse ser, no amor.

Quero terminar mostrando no que o signo se diferencia do significante.

O significante, eu disse, se caracteriza por representar um sujeito para outro significante. Do que é que se trata no signo? Desde sempre, a teoria cósmica do conhecimento, a concepção do mundo, vem brandir o exemplo famoso da fumaça, que não há sem fogo. E por que não colocaria eu aquilo que me parece? A fumaça bem pode ser também o signo do fumante. E mesmo ela o é sempre, por essência. Não há fumaça senão como signo do fumante. Todos sabem que, se vocês vêem uma fumaça no momento em que abordam uma ilha deserta, vocês dizem logo para si mesmos que há todas as chances de que lá haja alguém que sabe fazer fogo. Até nova ordem, será um homem. O signo não é portanto signo de alguma coisa, mas de um efeito que é aquilo que se supõe, enquanto tal, de um funcionamento do significante.

Este efeito é o que Freud nos ensina, e que é o ponto de partida do discurso analítico, isto é, o sujeito.

O sujeito não é outra coisa — quer ele tenha ou não consciência de que significante ele é efeito — senão o que desliza numa cadeia de significantes. Este efeito, o sujeito, é o efeito intermediário entre o que caracteriza um significante e outro significante, isto é, ser cada um, ser cada qual, um elemento. Não conhecemos outro suporte pelo qual se introduza no mundo o Um, se não for o significante enquanto tal, quer dizer, enquanto aquilo que aprendemos a separar de seus efeitos de significado.

No amor, o que se visa, é ao sujeito, ao sujeito como tal, enquanto suposto a uma frase articulada, a algo que se ordena ou pode se ordenar por uma vida inteira.

Um sujeito, como tal, não tem grande coisa a fazer com o gozo. Mas, por outro lado, seu signo é suscetível de provocar o desejo. Aí está a mola do amor. O encaminhamento que tentaremos continuar das próximas vezes lhes mostrará onde se reencontram o amor e o gozo sexual.

16 de janeiro de 1973

V

Aristóteles e Freud: A Outra Satisfação

O tormento de Aristóteles.
A falta de gozo e a satisfação do blá-blá-blá.
O desenvolvimento, hipótese de mestria.
O gozo não convém à relação sexual.

Todas as necessidades do ser falante estão contaminadas pelo fato de estarem implicadas com uma outra satisfação — sublinhem as três últimas palavras — *à qual elas podem faltar.*

Esta primeira frase que, ao acordar esta manhã, coloquei no papel para que vocês a escrevessem — esta primeira frase leva em si a oposição de uma outra satisfação às necessidades — se é que este termo de recurso comum pode facilmente ser apreendido, pois, antes de mais nada, ele só é apreendido quando falta a essa outra satisfação.

A outra satisfação, vocês devem entendê-la, é o que se satisfaz no nível do inconsciente — e na medida em que ali algo se diz e não se diz, se é verdade que ele é estruturado como uma linguagem.

Retomo com isto aquilo a que me referi há pouco, isto é, o gozo de que depende essa outra satisfação, a que se baseia na linguagem.

1

Ao tratar, há muito tempo, muito tempo mesmo, da ética da psicanálise, parti de nada menos do que da *Ética a Nicômaco* de Aristóteles.

Pode-se ler isto. Só que, para um certo número aqui, infelizmente não se pode ler em francês. É manifestamente intraduzível. Havia na editora Garnier antigamente uma coisa que pôde me fazer crer que havia uma tradução, de um chamado Voilquin. É um universitário, evidentemente. Não é culpa dele se o grego não se traduz em francês. As coisas se condensaram de tal modo que não nos dão mais na Garnier, que ademais se reuniu à Flammarion, senão o texto francês — devo dizer que os editores me dão raiva. Vocês percebem então, quando lêem aquilo sem o grego do lado, que vocês não têm saída. Para falar com propriedade, é ininteligível.

Toda arte e toda pesquisa, assim como toda ação e toda deliberação refletida — que relação entre esses quatro troços? — *tendem, ao que parece, para algum bem. Também se tem tido às vezes razão em definir o bem: aquilo para o que se tende em todas as circunstâncias. Entretanto* — isto aparece aqui como um cabelo na sopa, ainda não se falou disto — *parece mesmo que há uma diferença entre os fins.*

Desafio qualquer um a poder esclarecer esta massa espessa sem abundantes comentários que façam referência ao texto grego. É, de qualquer modo, impossível pensar que é assim simplesmente porque se tratam de notas mal tomadas. De tempos em tempos, vêm, de repente, algumas lucíolas ao espírito dos comentadores, vem à idéia deles que, se eles são forçados a ter tanto trabalho, deve haver talvez uma razão para isto. Não é de modo algum forçoso que, Aristóteles, isto seja impensável. Retornarei a isto.

Para mim, o que se encontrava escrito, datilografado, a partir da estenografia do que eu havia dito da ética, pareceu mais do que utilizável para as pessoas que naquele momento se ocupavam de me apontar à atenção da *Internacional de Psicanálise,* com o resultado que se sabe. Elas teriam mesmo querido que viessem à tona, mesmo assim, essas reflexões sobre o que a psicanálise comporta de ético. Isto teria sido da maior vantagem — eu mesmo, eu teria feito *plof,* e *A ética da psicanálise* teria sobrenadado. Aí está um exemplo de que o cálculo não basta — eu impedi que essa *Ética* fosse publicada. Recusei-me, a partir da idéia de que as pessoas que não querem nada comigo, eu, não procuro convencê-las. Não se tem que cãovencer. O próprio da psicanálise, é de não vencer, cão ou não.

Mesmo assim, aquele seminário não era nada mau, todo ele serve. Naquela época, alguém que não participava desse cálculo de que eu falava há pouco, o havia redigido, na maior, jogo franco como dinheiro à vista, de todo o coração. Havia feito dele um escrito, um escrito dele. Aliás, ele não pensava de modo algum em ajeitá-lo, e o produziria tal qual, se assim eu quisesse. Eu não quis. É talvez hoje, de todos os seminários que algum outro deve publicar, o único que eu mesmo reescreveria, e do qual eu faria um escrito. Tenho mesmo que fazer um, de qualquer modo. Por que não escolher aquele?

Não há razão para a gente não se colocar à prova, e para não ver como, esse terreno, de que Freud fez seu campo, outros o viam antes dele. É uma outra maneira de provar o de que se trata, isto é, que esse terreno só é pensável graças aos instrumentos com que se opera, e que os únicos instrumentos, cujo testemunho se veicula, são escritos. Uma prova muito simples torna isto sensível — ao lê-la na tradução francesa, a *Ética a Nicômaco*, vocês não compreenderiam nada, com certeza, mas não menos do que o que eu digo, logo, basta assim mesmo.

Aristóteles, ele não é mais compreensível do que o que eu lhes conto. É ainda menos compreensível, porque ele remexe mais coisas, e coisas que nos são mais longínquas. Mas é claro que essa outra satisfação de que eu falava ainda agora, é exatamente aquela em que se pode reparar, por surgir do quê? — muito bem, meus bons amigos, impossível escapar se vocês se colocam ao pé do troço — de universais, do Bem, do Verdadeiro, do Belo.

Que ali haja essas três especificações, dá um aspecto político à abordagem que lhe fazem certos textos, aqueles que dependem de um pensamento *autorizado*, com o sentido entre aspas que dou a este termo, isto é, um pensamento legado com um nome de autor. É o que acontece com certos textos que nos vêm do que eu penso duas vezes antes de chamar de uma cultura muito antiga — não se trata da cultura.

A cultura enquanto distinta da sociedade, isto não existe. A cultura é, justamente, que aquilo nos pega. Só a temos agora em nossas costas, como pulgas, porque não sabemos o que fazer com ela, senão catá-las. Quanto a mim, aconselho que vocês as guardem, porque aquilo futuca, e desperta. E despertará os sentimentos de vocês, que tendem mais a se tornarem um pouco embrutecidos sob a influência das circunstâncias ambientes, quer dizer, daquilo que os outros, que virão depois, chamarão a cultura de vocês. Isto se terá tornado cultura para eles porque há muito tempo que vocês estarão lá embaixo e, com vocês, tudo que vocês suportam de liame social. No fim das contas, há apenas isto, o liame social. Eu o designo com o termo *discurso*, porque não há outro meio de designá-lo, uma vez que se percebeu que o liame social só se instaura por ancorar-se na maneira pela qual a linguagem se situa e se imprime, se situa sobre aquilo que formiga, isto é, o ser falante.

Não é de espantar que discursos anteriores, e depois haverá outros, não sejam mais pensáveis por nós, ou muito dificilmente. Assim como o discurso que tento, eu, trazer à luz, não lhes é imediatamente acessível de entender, do mesmo modo, de onde estamos, não é muito fácil entender o discurso de Aristóteles. Mas será que isto é razão para que ele não seja pensável? É inteiramente claro que ele é pensável. É simplesmente quando imaginamos que Aristóteles quer dizer alguma coisa, que nos inquietamos com o que ele cerca. O que é que ele prende em sua malha, em sua rede, o que é que ele retira, e que é que ele manipula, com o que é que ele lida, com o que é que ele se bate, o que é que ele sustenta, o que é que ele trabalha, o que é que ele persegue?

Evidentemente, nas quatro primeiras linhas que acabo de ler para vocês, vocês entendem as palavras, e vocês supõem mesmo que isto quer dizer alguma coisa, mas vocês não sabem o quê, naturalmente. *Toda arte, toda pesquisa, toda ação* — tudo isto, o que é que quer dizer? Mas é mesmo porque Aristóteles colocou muita coisa em seguida, e porque isto nos chega impresso depois de ter sido recopiado durante muito tempo, que se supõe que haja alguma coisa que pega no meio disso tudo. É então que nos colocamos a questão, a única — no que é que isto os satisfazia, troços como estes?

Pouco importa qual tenha sido então o seu uso. Sabe-se que aquilo se veiculava, que havia volumes de Aristóteles. Isto nos desconcerta, e muito precisamente no seguinte — a questão *no que é que isto os satisfazia?* só é traduzível desta maneira — *no que é que ele teria faltado a um certo gozo?*. Dito de outro modo, por que, por que será que ele se atormentava assim?

Vocês entenderam bem — falta, defeito, alguma coisa que não vai, alguma coisa derrapa no que manifestamente é visado, e depois começa, de repente, em seguida — o bem e a felicidade, o bom ócio. O bé, o bem, do beócio!

2

A realidade é abordada com os aparelhos do gozo.

Aí está mais uma fórmula que lhes proponho, se é que podemos convir que, aparelho, não há outro senão a linguagem. É assim que, no ser falante, o gozo é aparelhado.

É o que diz Freud, se nós corrigirmos o enunciado do princípio do prazer. Ele disse assim porque havia outros que haviam falado antes dele, e porque era a maneira que lhe parecia mais audível. É muito fácil de demarcar, e a conjunção de Aristóteles com Freud auxilia essa demarcação.

Eu empurro para mais longe, até o ponto em que se está agora, dizendo que o inconsciente é estruturado como uma linguagem. A partir daí, essa linguagem se esclarece sem dúvida por se colocar como aparelho do gozo. Mas, inversamente, talvez o gozo mostre que, em si mesmo, ele está em falta — pois, para que isto seja assim, é preciso que alguma coisa, de seu lado, manque.

A realidade é abordada com os aparelhos do gozo. Isto não quer dizer que o gozo é anterior à realidade. Isto aí é também um ponto em que Freud se prestou a mal-entendido em alguma parte — vocês o encontrarão, no que é classificado em francês como *Essais de Psychanalyse [Ensaios de psicanálise]* — falando de desenvolvimento.

Há, diz Freud, um *Lust-Ich* antes de um *Real-Ich*. Isto é um deslize, um retorno ao trilho, esse trilho que chamo de desenvolvimento, e que é apenas uma hipótese da mestria. Dizendo para si mesma que o bebê nada tem a ver com o *Real-Ich*, pobre enfeite, incapaz da mínima idéia do que seja o real. Fica reservado às pessoas que conhecemos, esses adultos, dos quais, ademais, é expressamente dito que eles não podem jamais chegar a se despertarem — quando acontece no sonho deles alguma coisa que ameaçaria passar ao real, isto os enlouquece de tal maneira que imediatamente eles acordam, quer dizer, continuam a sonhar. Basta ler, basta estar aí um pouco, basta vê-los viver, basta tê-los em psicanálise, para perceber o que isto quer dizer, o desenvolvimento.

Quando se diz *primário* e *secundário* para os processos, talvez haja nisso uma maneira de dizer que crie ilusão. Digamos em todo caso que não é porque um processo é dito primário — além do mais, podemos chamá-lo como quisermos — que ele aparece primeiro. Quanto a mim, jamais olhei para um bebê tendo o sentimento de que não houvesse, para ele, mundo exterior. É absolutamente manifesto que ele só olha para aquilo, e que aquilo o excita, e isto, meu Deus, na exata proporção em que ele ainda não fala. A partir do momento em que ele fala, a partir desse momento muito exatamente, não antes, compreendo que há recalque. O processo do *Lust-Ich* é talvez primário, por que não?, ele é evidentemente primário desde que comecemos a pensar, mas ele não é certamente o primeiro.

O desenvolvimento se confunde com o desenvolvimento da mestria. É aí que é preciso ter um pouco de ouvido, como para a música — quando, o *selo* do dono, do mestre, eu vou tê-lo, quando se trata de, eu, *sê-lo*, eu *sê-lo*: senhor de mim como do Universo. É disso mesmo que eu falava ainda há pouco, o *cão-vencido*. O Universo é uma flor de retórica. Este eco literário poderia talvez ajudar a compreender que o eu pode ser também flor de retórica, que brota do vaso do princípio do prazer, que Freud chama *Lustprinzip*, e que eu defino como o que se satisfaz com o blá-blá-blá.

É isto que eu digo, quando digo que o inconsciente é estruturado como uma linguagem. Tenho que botar os pingos nos is. O universo — vocês podem talvez do mesmo modo se dar conta, por causa da maneira como enfatizei o uso de certas palavras, o todo e o *não-todo*, e sua aplicação diferente nos dois sexos — o Universo, ele está ali onde, de dizer, tudo tem sucesso.

Será que vou me meter a me fazer de William James? Tem sucesso em quê? Posso lhes dar a resposta, no ponto onde, com o tempo, espero acabar por fazê-los chegar — tem sucesso em fazer ratear a relação sexual, da maneira do macho.

Normalmente, eu devia receber agora algumas gozações — ora, ora, não aparece nada. As gozações deveriam querer dizer — *Ah, então você foi pego, duas maneiras de rateá-lo, o negócio, a relação sexual.* É assim que se modula a música do epitalâmio. O epitalâmio, o duo — é preciso distinguir os dois —, a alternância, a carta de amor, não são a relação sexual. Eles giram em torno do fato de não haver relação sexual.

Há então a maneira masculina de girar em torno, e depois a outra, que não designo de outro modo porque é disto que este ano estou em processo de elaboração — como, da maneira feminina, isto se elabora. Isto se elabora pelo não-todo. Só que, como até agora isto não foi muito explorado, o não-todo, isto me causa evidentemente um pouco de mal.

Sobre isto, vou lhes contar uma boa para distraí-los um pouco.

No meio dos meus esportes de inverno, acreditei dever, para manter a palavra, me locomover de trem até Milão, o que levava um dia inteiro de viagem. Em suma, fui a Milão, e como eu não posso ficar no lugar em que estou, eu sou assim — eu disse que refarei *A ética da psicanálise*, mas é porque eu a reextraio — eu havia dado este título absolutamente louco a uma conferência para os milaneses, que jamais ouviram falar nisso, *A psicanálise em sua referência à relação sexual.* Eles são muito inteligentes. Eles entenderam tão bem que imediatamente, na mesma noite, no jornal, estava escrito — *Para o doutor Lacan, as damas,* le donne, *não existem!*

É verdade, o que é que vocês querem? Se a relação sexual não existe, não há damas. Havia uma pessoa que estava furiosa, era uma dama do MLF de lá. Ela estava verdadeiramente... eu lhe disse — *Venha amanhã de manhã, eu lhe explicarei do que se trata.*

Esse negócio da relação sexual, se há um ponto desde onde isto se poderia esclarecer, é justamente do lado das damas, na medida em que é da elaboração do não-todo que se trata de romper o caminho. É meu verdadeiro tema deste ano, por trás desse *Mais, ainda*, e é um dos sentidos do meu título. Talvez que assim eu chegue a fazer aparecer algo de novo sobre a sexualidade feminina.

Há uma coisa que, desse não-todo, desse não-tudo, dá um testemunho estrondoso. Vejam como, com uma dessas nuances, dessas oscilações de significação que se produzem na língua, o não-todo muda de sentido quando lhes digo — *nossos colegas, as damas analistas, sobre a sexualidade feminina, elas nos dizem algo, mas... não-tudo.* É absolutamente contundente. Elas não fizeram avançar de um dedo a questão da sexualidade feminina. Deve haver uma razão interna para isto, ligada à estrutura do aparelho do gozo.

3

Retorno ao que ainda há pouco eu me levantava como objeções a mim mesmo, muito sozinho, isto é, que havia uma maneira de ratear a relação sexual, a do macho, e depois uma outra. Essa rata é a única forma de realização dessa relação se, como coloco, não há relação sexual. Portanto, dizer *tudo tem sucesso* não impede de dizer *não-tudo tem sucesso*, porque é da mesma maneira — isso rateia. Não se trata de analisar como isso tem sucesso. Trata-se de distinguir, a mais não poder, por que isso rateia.

Isso rateia. É objetivo. Já insisti nisto. É mesmo de tal modo contundente, que é objetivo que é nisso mesmo que se tem que centrar, no discurso analítico, o de que se trata quanto ao objeto. A rata, ela é o objeto.

Já disse isto há muito tempo, o bom e o mau objeto, no que é que eles diferem. Há o bom, há o mau, ora, ora! Justamente, hoje, tento partir disso, disso que tem a ver com o bom, o bem, e disso que Freud enuncia. O objeto, é um rateado. A essência do objeto é a rata.

Vocês notarão que falei da essência que nem Aristóteles. E depois? Isto quer dizer que essas velhas palavras são muito bem utilizáveis. Num tempo em que eu batia os pés menos do que hoje, foi a isto que passei logo em seguida, depois de Aristóteles. Eu disse que se alguma coisa tinha arejado um pouco a atmosfera depois de os gregos ficarem batendo os pés em volta do eudemonismo, foi mesmo a descoberta do utilitarismo.

Para os ouvintes que eu tinha então, isto não cheirou nem fedeu, porque do utilitarismo eles não haviam jamais ouvido falar — de sorte que eles não podiam cometer erro, e não podiam crer que fosse o recurso ao utilitário. Eu lhes expliquei o que é que era o utilitarismo no nível de Bentham, quer dizer, de modo algum aquilo que se crê, e que é preciso, para compreendê-lo, ler a *Theory of Fictions*.

O utilitarismo não quer dizer outra coisa senão isto — as velhas palavras, as que já estão em serventia, é no para o quê elas servem que é preciso pensar. Nada mais. E não se espantar com o resultado quando nos servimos delas. Sabe-se para o quê elas servem, para que haja o devido gozo. Só que — equívoco entre o *dever* e a *dívida* — o gozo devido é de se traduzir pelo gozo que não se deve.

Sim, ensino com isto algo de positivo. Salvo que isto se exprime por uma negação. E por que isto não seria tão positivo quanto outra coisa?

O necessário — o que lhes proponho acentuar deste modo — é aquilo que não pára, de quê? — de se escrever. É uma maneira muito boa de repartir pelo menos quatro categorias modais. Eu lhes explicarei isto uma outra vez, mas lhes dou mais um pedacinho desta vez. O que não pára de não se escrever, é uma categoria modal que não é a que vocês terão esperado para opor ao necessário, que mais teria sido o contingente. Figurem que o necessário é conjugado ao impossível e que esse *não pára de não se escrever* é a sua articulação. O que se produz é o gozo que não se deveria. Aí está o correlato de não haver relação sexual, e o que é o substancial da função fálica.

Retorno agora, no nível do texto. É o gozo que não se deveria — condicional. O que nos sugere, para seu emprego, a prótase, a apódese. Se não houvesse isso, seria melhor — condicional na segunda parte. Está aí a implicação material, aquela que os estóicos perceberam que era talvez o que havia de mais sólido na lógica.

O gozo, então, como vamos exprimir o que não se deveria, a seu propósito, senão por isto — se houvesse um outro gozo que não o fálico, não teria que ser aquele.

É muito bonito. É preciso usar, mas usar verdadeiramente, gastar até puir, coisas assim, bobas, como as velhas palavras. O utilitarismo, é isto. E isto permitiu um grande passo para descolar das velhas histórias de universais em que se estava engajado depois de Platão e Aristóteles que se haviam arrastado durante toda a Idade Média, e que ainda sufocavam Leibniz, a ponto de se poder perguntar como é que ele pôde ser tão inteligente.

Se houvesse outro, não deveria, não teria que ser aquele.

O que é que isto designa, *aquele*? Será que designa aquilo que, na frase, é o outro, ou é aquele de que partimos para designar esse outro como outro? O que digo com isto, se sustenta no nível da implicação material porque a primeira parte designa algo de falso — *se houvesse outro*, mas não há outro gozo que não o fálico — salvo aquele sobre o qual a mulher não solta nem uma palavra, talvez porque não o conhece, aquele que a faz não-toda. É falso que haja outro, o que não impede que o resto da frase seja verdadeiro, isto é, que não teria que ser aquele.

Vocês vêem que é absolutamente correto. Quando o verdadeiro se deduz do falso, é válido. A implicação, ela pega. A única coisa que não se pode admitir é que ao verdadeiro siga o falso. Nada malfeita, a lógica. Que eles tenham percebido isto sozinhos, esses estóicos, já é muito. Não é preciso acreditar que eram coisas que não tinham relação com o gozo. Basta reabilitar esses termos.

É falso que haja outro. Isto não nos impedirá de jogar mais uma vez com o equívoco, a partir de *falso*, e dizer que não seria preciso que *false* aquele. Suponham que haja outro — mas, justamente, não há. E, ao mesmo tempo, é porque ele não há, e porque é disso que depende o *não deveria*, que a batida não cai menos sobre aquele de que partimos. É preciso que haja aquele, por falta — entendam como culpabilidade — por falta do outro, que não há.

Isto nos abre lateralmente, lhes digo de passagem, uma pequena apercepção que é de todo o peso numa metafísica. Podem acontecer casos em que, em vez de sermos nós que vamos buscar um truque para nos serenarmos nessa manjedoura da metafísica, nós possamos, também nós, esgueirar alguma coisa para dentro dela. Muito bem, que o não-ser não seja, não se deve esquecer que isto é levado pela palavra na conta do ser, que falta. É verdadeiro que é falta sua, porque se o ser não existisse, estar-se-ia bem mais tranqüilo com essa questão do não-ser, e é então bem merecido que se o reproche, e que ele esteja em falta.

É mesmo por isso também — e é isto que me dá raiva ocasionalmente, foi de lá que parti aliás, suponho que vocês não se lembrem — que quando eu me esqueço, quando eu me lixo, a ponto de me esquecer, porque *publixo*, quer dizer, de *tudlicar* — há tudo lá dentro — eu mereça engolir que seja de mim que se fale, e não do meu livro. Exatamente assim se deu em Milão. Não era talvez só de mim de que falavam quando diziam que para mim as damas não existem, mas não era certamente do que eu acabava de dizer.

Em suma, esse gozo, se ele vem àquele que fala, e não por nada, é porque é um prematurozinho. Ele tem algo a ver com essa famosa relação sexual que se tem oportunidades demais de perceber que ela não existe. É então bem mais em segundo que em primeiro. Em Freud há traços disso. Se ele falou de *Urverdrängung*, de recalque primordial, é mesmo porque justamente o verdadeiro, o bom, o recalque de todos os dias, não é primeiro — é segundo.

A gente o recalca, o tal gozo, porque não convém que ele seja dito, e isto justamente pela razão de que o dizer não pode ser senão isto — como gozo, ele não convém. Já adiantei isto há pouco pelo viés de ele não ser aquele que é preciso, mas o que não é preciso.

O recalque só se produz a atestar em todos os dizeres, no menor dos dizeres, o que implica esse dizer, que venho de enunciar, de que o gozo não convém — *non decet* — à relação sexual. Por causa de ele falar, o tal gozo, ela, a relação sexual, não há.

É mesmo por isso que ele faz melhor em se calar, com o resultado de que isto torna a ausência mesma da relação sexual um pouco mais pesada ainda. E é mesmo por isso que, no fim das contas, ele não se cala, e que o primeiro efeito do recalque é que ele fala de outra coisa. É nisto que está a mola da metáfora.

Aí está. Vocês vêem a relação de tudo isto com a utilidade. É utilitário. Isso torna vocês capazes de servir para alguma coisa, e isto por falta de saber gozar de outro modo que não o de ser gozado, ou jogado, pois é justamente o gozo que não deveria, que não seria preciso.

4

É a partir desse passo-a-passo que me fez escandir algo de essencial, que temos de abordar essa luz que pode um receber do outro, Aristóteles e Freud. Temos que interrogar como seus dizeres bem poderiam encaixar-se, atravessarem-se um pelo outro.

Aristóteles, no livro sete da tal *Ética a Nicômaco*, coloca a questão do prazer. O que lhe parece mais seguro, ao se referir ao gozo, nem mais nem menos, é que o prazer não pode deixar de se distinguir das necessidades, dessas necessidades de que parti em minha primeira fase, e com o que ele enquadra o de que se trata na geração. As necessidades se reportam ao movimento. Aristóteles, com efeito, colocou no centro do seu mundo — esse mundo que agora invadiu para sempre o campo como uma enchente — o motor imóvel, depois do qual veio imediatamente o movimento que ele causa, e um pouco mais adiante ainda, o que nasce e o que morre, o que se engendra e se corrompe. É aí que as necessidades se situam. As necessidades, elas se satisfazem pelo movimento.

Coisa estranha, como é que pode acontecer que nós encontremos isto, na pena de Freud, mas na articulação do princípio do prazer? Qual será o equívoco que faz com que, em Freud, o princípio do prazer só se evoque pelo que vem de excitação, e pelo que essa excitação provoque de movimento para aí se furtar? Estranho que esteja aí o que Freud enuncia como princípio do prazer, ao passo que em Aristóteles isto pode ser considerado como uma atenuação de pena e certamente não como um prazer.

Se Aristóteles vem a destacar em alguma parte o que diz respeito ao princípio do prazer, só poderia ser no que ele chama ἐνέργεια, uma atividade.

Coisa muito estranha, o primeiro dos exemplos que ele dá, e não sem coerência, é o ver — é onde, para ele, reside o prazer supremo, aquele que ele distingue do nível da γένεσις, da geração de alguma coisa, aquele que se produz desde o coração, do centro do puro prazer. Nenhuma pena precisa preceder o fato de que nós vemos, para que ver seja um prazer. É engraçado que tendo colocado assim a questão, ele tenha tido que colocar à fonte, o quê? — aquilo que o francês não pode traduzir de outro modo, por falta de palavra que não seja equívoca, senão por *odorer*, odorar. Aristóteles põe aqui no mesmo plano o olfato e a visão. Por mais que este segundo sentido pareça oposto ao primeiro, o prazer se acha, diz ele, suportado nele. Ele acrescenta em terceiro lugar o ouvir.

Já estamos quase em 13h45. Para demarcar para vocês a via em que avançamos, lembrem-se do passo que demos há pouco ao formularmos que o gozo se refere centralmente àquele que não se deve, que não seria preciso para que haja relação sexual, e resta inteiramente engatado nisto. Muito bem, o que surge com o destaque com que Aristóteles o designa é muito exatamente o que a experiência analítica nos permite demarcar como sendo, ao menos por um lado da identificação sexual, do lado do macho, o objeto *a*, o objeto que se põe no lugar daquilo que, do Outro, não poderia ser percebido. Na medida em que o objeto *a* faz em alguma parte — e com um ponto de partida, um só, o do macho — o papel do que vem em lugar do parceiro que falta, é que se constitui o que costumamos ver surgir também no lugar do real, isto é, a fantasia.

Estou quase que lamentando ter, desta maneira, dito o bastante, o que sempre quer dizer *demais*. Pois é preciso ver a diferença radical do que se produz do outro lado, a partir da mulher.

Da próxima vez tentarei enunciar de maneira que se sustente — e que seja bem completa para que vocês o possam suportar pelo tempo que durará em seguida a retomada, quer dizer, meio mês — que, do lado da mulher — mas marquem esse *a* com o traço oblíquo com que designo o que se deve barrar — do lado de A̸ mulher, é de outra coisa que não do objeto *a* que se trata no que vem em suplência a essa relação sexual que não há.

13 de fevereiro de 1973

VI

Deus e o Gozo d'A̸ Mulher

Ler-amar, odiar.
Os materialistas.
Gozo do ser.
O macho, perverso polimorfo.
Os místicos.

Há muito tempo que eu desejaria lhes falar passeando um pouco entre vocês. Também esperava, posso muito bem lhes confessar, que as férias ditas escolares tivessem aberto claros na assistência de vocês.

Já que essa satisfação me é recusada, torno a voltar àquilo de que parti da última vez, que chamei de *uma outra satisfação*, a satisfação da fala.

Uma outra satisfação, é aquela que corresponde ao gozo que seria justo, justo para que aquilo se passe entre o que abreviarei chamando-os homem e mulher. Quer dizer, aquela que corresponde ao gozo fálico.

Notem aqui a modificação que introduz esta palavra — *justo*. Este *justo*, este *justamente* é um *totalmente justo*, um *justo totalmente realizado*, o que nos dá o inverso da rata — aquilo se realiza de modo totalmente justo. Vemos já aí justificado o que Aristóteles traz da noção de justiça como justo meio.

Talvez alguns dentre vocês tenham visto, quando introduzi esse *todo* que está em *totalmente justo*, que fiz ali uma espécie de contorno para evitar a palavra *prosdiorismo*, que designa esse todo, e que não falta em nenhuma língua. Muito bem, que seja o prosdiorismo, o todo, que venha na ocasião nos fazer escorregar da justiça de Aristóteles para a justeza, a justeza da realização, aí é que está mesmo o que me legitima ter primeiro produzido esta entrada de Aristóteles. Com efeito, não é?, não se compreende isto assim de repente.

Se não se compreende Aristóteles tão facilmente, em razão da distância que nos separa dele, aí é que está mesmo a que me justificaria, quanto a mim, dizer que ler não nos obriga de modo algum a compreender. É preciso ler primeiro.

1

É o que faz com que hoje, e de maneira que parecerá talvez a alguns um paradoxo, eu lhes aconselhe ler um livro do qual o mínimo que se pode dizer é que ele me concerne. Esse livro se chama *Le Titre de la Lettre* (*O título da letra*), e foi publicado pelas edições Galilée, na coleção *À la Lettre.* Não lhes direi seus autores, que me parecem na ocasião estar no papel de bagrinhos.

Não é com isto diminuir seu trabalho, pois direi que, quanto a mim, é com a maior satisfação que o li. Desejaria submeter este auditório à prova desse livro, escrito com as piores intenções, como vocês poderão constatar nas trinta últimas páginas. Eu não poderia senão encorajar demais sua difusão.

Posso dizer de certo modo que, se se trata de ler, eu não fui jamais tão bem lido — com tanto amor assim. É claro que, como se verifica com a queda do livro, é um amor do qual o mínimo que se pode dizer é que sua contraparte habitual na teoria analítica não pode deixar de ser evocada.

Mas é dizer muito. Talvez mesmo seja dizer demais eu colocar lá dentro, de uma maneira qualquer, os sujeitos. Seria talvez reconhecê-los demais, enquanto sujeitos, ao evocar seus sentimentos.

Digamos então que é um modelo de boa leitura, a ponto de eu poder dizer que lamento não ter jamais obtido, daqueles que me são próximos, nada que seja equivalente.

Os autores acreditaram dever limitar-se — e, meu Deus, por que não cumprimentá-los por isso, já que a condição de uma leitura é evidentemente que ela imponha limites a si mesma — a um artigo, recolhido nos meus *Escritos*, que se chama *A instância da Letra.*

Partindo do que me distingue de Saussure e que faz com que eu tenha, como eles dizem, me desviado dele, eles conduzem, pontinho por pontinho, a esse impasse, que eu designo, concernente ao que é, no discurso analítico, da abordagem da verdade e de seus paradoxos. Aí está algo que, sem dúvida, no fim, e não tenho que sondá-lo de outro modo, escapa àqueles que se impuseram esse extraordinário trabalho. Tudo se passa como se fosse justamente do impasse onde meu discurso é feito para levá-los que eles estejam quites, e que eles se declarem — ou me declarem, o que dá na mesma no ponto em que eles chegam — vexados. Com isto está completamente indicado que vocês defrontem a si próprios à conclusão deles, as quais vocês verão que podem ser qualificadas de sem-cerimônias. Até chegar às suas conclusões, o trabalho prossegue de maneira na qual só posso reconhecer um valor de esclarecimento inteiramente apreensivo — se aquilo pudesse por acaso esclarecer um pouco as fileiras de vocês, eu só veria vantagens para mim, mas, depois de tudo, não estou certo de que — por que, já que vocês são sempre tão numerosos aqui, não ter confiança em vocês? — nada enfim os afaste.

À parte, então, essas trinta ou vinte últimas páginas — na verdade, foram apenas estas que eu li em diagonal — as outras serão para vocês de um conforto que, em suma, posso lhes desejar.

2

Quanto a isso, prossigo o que tenho hoje para lhes dizer, isto é, articular mais longe a conseqüência desse fato de que entre os sexos, no ser falante, a relação não se dá, na medida em que é somente a partir daí que se pode enunciar o que vem, a essa relação, em suplência.

Há muito tempo que escandi com um certo *Há Um* o que constitui o primeiro passo neste encaminhamento. Esse *Há Um* não é simples — é o caso de dizer. Na psicanálise, ou mais exatamente no discurso de Freud, isto se anuncia pelo Eros que, de grão em grão, é suposto tender a fazer só um dessa multidão imensa. Mas como é claro que mesmo todos vocês, tanto que vocês estão aqui, multidão seguramente, não só não fazem um, mas não têm a menor chance de chegar a isto — como se demonstra demais, e todos os dias, ainda que fosse só em comungar na minha fala — é mesmo preciso que Freud faça surgir um outro fator para fazer obstáculo a esse Eros universal, na forma do Tânatos, a redução à poeira.

É evidentemente metáfora permitida a Freud pela feliz descoberta das duas unidades do gérmen, o óvulo e o espermatozóide, de que se pode dizer grosseiramente que é de sua fusão que se engendra o quê? — um novo ser. Só que a coisa não acontece sem meiose, sem uma subtração inteiramente manifesta, ao menos para um dos dois, justo antes do momento mesmo em que a conjunção se produz, uma subtração de certos elementos que não é por nada que não estão na operação final.

Mas a metáfora biológica seguramente está aqui ainda muito menos do que alhures, a que pode bastar para nos confortar. Se o inconsciente é mesmo o que eu digo, por ser estruturado como uma linguagem, é no nível da língua que temos que interrogar esse Um. Esse Um, a série dos séculos lhe fez ressonância infinita. Será que preciso evocar aqui os neoplatônicos? Talvez eu tenha ainda que mencionar daqui a pouco muito rapidamente essa aventura, pois o que tenho que fazer hoje é muito propriamente designar de onde a coisa não só pode mas deve ser tomada por nosso discurso, e por essa renovação que traz para o domínio do Eros a nossa experiência.

É mesmo preciso partir disto, que esse *Há Um* é para ser tomado com o sotaque de que há Um sozinho. É daí que se apreende o nervo do que temos mesmo que chamar pelo nome com que a coisa retine por todo o curso dos séculos, isto é, o amor.

Na análise, só lidamos com isso, e não é por uma outra via que ela opera. Via singular, nisso que só ela permitiu destacar aquilo que, eu que lhes falo, acreditei dever suportar a transferência, no que ela não se distingue do amor, com a fórmula *o sujeito suposto saber*.

Não posso deixar de marcar a ressonância nova que pode ter para vocês esse termo de saber. Aquele a quem eu suponho o saber, eu o amo. Há pouco, vocês me viram flutuar, recuar, hesitar em verter num sentido ou no outro, do lado do amor ou do daquilo que chamamos de ódio, quando os convidava de maneira pressionante a tomar parte numa leitura cuja ponta foi feita expressamente para me desconsiderar — o que certamente não é algo diante do que possa recuar alguém que não fala, em suma, senão da des-sideração, e que não visa a outra coisa. É que, onde essa ponta parece aos autores sustentável, é justamente numa des-suposição do meu saber. Se eu disse que eles me odeiam, é porque eles me des-supõem o saber.

E por que não? Por que não, se se verifica que deve estar aí a condição do que chamei de leitura? Além do mais, que posso eu presumir do que sabia Aristóteles? Talvez eu o lesse melhor na medida em que, esse saber, eu lhe supusesse menos. Tal é a condição de se pôr a leitura estritamente à prova, e é a da qual eu não me esquivo.

O que nos é oferecido a ler pelo que, da linguagem, existe, isto é, o que vem a se tramar como efeito de sua erosão — foi assim que defini a escrita — não pode ser ignorado. Também seria desdenhoso ao menos não fazer eco ao que, no curso das eras, se elaborou sobre o amor, por um pensamento que se chama — devo dizer, impropriamente — filosófico.

Não vou fazer aqui um revista geral da questão. Parece-me que, visto o gênero de cabeças que vejo aqui formar floco, vocês devem ter ouvido dizer que, do lado da filosofia, o amor de Deus tem mantido um certo lugar. Aí está um fato maciço o qual, pelo menos lateralmente, o discurso analítico não pode não ter em conta.

Lembrarei aqui uma palavra que foi dita depois que eu fui, como se exprimem nesse livreto, excluído de Sainte-Anne — de fato, eu não fui excluído, eu me retirei, o que é muito diferente, mas o que importa?, não é lá que estamos, tanto mais que o termo *excluído* tem em nossa topologia toda a sua importância. Pessoas bem-intencionadas — o que é bem pior do que as que o são mal — ficaram surpresas por haver eco de que eu punha entre o homem e a mulher um certo Outro que tinha mesmo o ar de ser o velho bom Deus de sempre. Era apenas um eco, do qual elas se faziam os benévolos veículos. Essas pessoas eram, meu Deus, é mesmo preciso dizer, da pura tradição filosófica, e daquelas que se reclamam do materialismo — é mesmo por isso que eu digo pura, pois não há nada mais filosófico do que o materialismo. O materialismo se crê obrigado, Deus sabe por que, é o caso de dizer, a estar em guarda contra esse Deus do qual eu disse ter ele dominado na filosofia todo o debate do amor.

Também, essas pessoas, à intervenção calorosa das quais eu devia uma platéia renovada, elas manifestavam certo mal-estar.

A mim me parece sensível que o Outro, adiantado no tempo de *A instância da Letra* como lugar da fala, era uma maneira, não posso dizer de laicizar, mas de exorcizar o velho bom Deus. Depois de tudo, há bastantes pessoas que me cumprimentam por ter sabido colocar num dos meus últimos seminários que Deus não existia. Evidentemente, eles ouvem — eles ouvem, mas, ai de nós!, eles compreendem, e o que eles compreendem é um pouco precipitado.

O que talvez eu vou lhes mostrar hoje é, mais, no quê ele existe, esse velho bom Deus. O modo como ele existe não agradará talvez a todo mundo, principalmente aos teólogos que são, já disse há muito tempo, bem mais fortes do que eu em dispensarem sua existência. Infelizmente, não estou de modo algum na mesma posição, porque tenho que lidar com o Outro. Esse Outro, se só há um apenas, bem que deve ter alguma relação com o que aparece do outro sexo.

Quanto a isto, não me recusei, naquele ano que evoquei da última vez, de *A ética da psicanálise*, a me referir ao amor cortês. O que é isto?

É uma maneira inteiramente refinada de suprir a ausência de relação sexual, fingindo que somos nós que lhe pomos obstáculo. É verdadeiramente a coisa mais formidável que jamais se tentou. Mas como denunciar seu fingimento?

Em vez de ficar aí boiando no paradoxo de o amor cortês ter aparecido na época feudal, os materialistas deveriam ver nele uma ocasião magnífica de mostrar, ao contrário, como ele se enraíza no discurso da fieldade, da fidelidade à pessoa. Em último termo, a pessoa, é sempre o discurso do Senhor, do Mestre. O amor cortês é, para o homem, cuja dama era inteiramente, no sentido mais servil, a sujeita, a única maneira de se sair com elegância da ausência da relação sexual.

É nessa via que eu terei que tratar — mais tarde, pois ainda me falta hoje romper um certo campo — da noção de obstáculo, disso que, em Aristóteles — apesar de tudo prefiro Aristóteles a Geoffrey Rudel —, se chama justamente o obstáculo, a ἔνστασις.

Meus leitores — dos quais, eu lhes repito, vocês todos têm que comprar logo o livro —, meus leitores encontraram mesmo isto. A instância, eles a interrogam com um cuidado, uma precaução... — eu lhes digo, jamais vi um só dos meus alunos fazer um trabalho semelhante, ai de nós!, ninguém levará jamais a sério o que eu escrevo, salvo, é claro, aqueles de quem eu disse há pouco que eles me odeiam, com o pretexto de que me des-supõem o saber. Eles chegaram até a descobrir a ἔνστασις, o obstáculo lógico aristotélico, que eu havia guardado para comer no fim. É verdade que eles não vêem a relação. Mas eles estão de tal modo habituados a trabalhos, sobretudo quando alguma coisa os anima — o desejo, por exemplo, de agarrar um diploma de mestre, é o caso de dizer mais do que nunca — que fizeram aparecer isto, na nota das páginas 28-29.

Vocês consultarão Aristóteles e saberão tudo quando eu abordar enfim essa história da ἔνστασις. Vocês podem ler em seguida o trecho da *Retórica* e os dois trechos das *Tópicas* que lhes permitirão saber em claro o que quero dizer quando eu tentar reintegrar em Aristóteles minhas quatro fórmulas, $\exists x.\overline{\Phi x}$ e o resto.

Enfim, para terminar com isto, por que os materialistas, como se diz, se indignariam por eu colocar, por que não, Deus em terceiro lugar na questão do amor humano? Mesmo aos materialistas, acontece a eles, mesmo assim, conhecerem um pouco sobre a transação a três, não?

Agora, tentemos avançar. Tentemos avançar sobre o que resulta disto, que nada testemunha que eu não saiba o que tenho a dizer aí, aqui onde lhes falo. O que abre, desde o começo desse livro, um desnível que prosseguirá até o fim, é que ele supõe em mim — e com isto pode-se fazer de tudo — uma ontologia ou, o que dá na mesma, um sistema.

A honestidade faz, mesmo assim, com que, no diagrama circular, onde, como eles querem, se amarram o que adianta da instância da letra, é em linhas pontilhadas — com justo motivo, pois elas não pesam nada — que são postos nesse livro todos os meus enunciados envolvendo os nomes dos principais filósofos em cuja ontologia geral eu inseriria meu pretenso sistema. No entanto, não pode ser ambíguo que ao *ser*, tal como ele se sustenta na tradição filosófica, quer dizer, que se assenta no próprio pensar tido por seu correlato, eu oponho que nós somos jogados e gozados pelo gozo.

O pensamento é gozo. O que traz o discurso analítico é isto, que já estava começado na filosofia do ser — há gozo do ser.

Se lhes falei da *Ética a Nicômaco*, foi justamente porque o traço está lá. O que busca Aristóteles, e isto abriu a via para tudo que em seguida se arrastou atrás dele, é o que seja o gozo do ser. Um são Tomás não terá em seguida nenhuma dificuldade em forjar com isso a teoria física do amor, como a chama o abade Rousselot, de que lhes falei da última vez — ou seja, que, depois de tudo, o primeiro ser de que temos mesmo o sentimento, é nosso ser, e tudo que é para o bem do nosso ser será, por isso, gozo do Ser Supremo, quer dizer, Deus. Para dizer tudo, amando a Deus, é a nós mesmos que amamos, e ao nos amarmos primeiro a nós mesmos — caridade bem ordenada, como se diz —, fazemos a Deus a homenagem que convém.

O ser — se querem a qualquer preço que eu me sirva deste termo —, o ser que eu oponho a isso — e o que é forçado a testemunhar, desde suas primeiras páginas de leitura, simplesmente leitura, esse pequeno volume — é o ser da significância. E não vejo no que é decepcionar aos ideais do materialismo — digo *aos ideais* porque está fora dos limites de sua épura — reconhecer a razão do ser da significância no gozo, no gozo do corpo.

Mas um corpo, em corpo, ainda, vocês compreendem, depois de Demócrito, isso não parece bastante materialista. É preciso achar os átomos, e todo aquele troço, e a visão, a odoração, e tudo aquilo que segue. Tudo isto é absolutamente solidário.

Não é por nada que, ocasionalmente, Aristóteles, mesmo se ele se faz de desgostoso, cita Demócrito, pois se apóia nele. De fato, o átomo é simplesmente um elemento de significância volante, um στοιχεῖον muito simplesmente. Exceto que se tem tudo quanto é dificuldade de se sair quando só se retém o que faz o elemento elemento, isto é, ele ser único, quando seria preciso introduzir um pouquinho o outro, isto é, a diferença.

Agora, o gozo do corpo, se não há relação sexual, teríamos que ver para o quê isso pode servir.

3

Tomemos primeiro as coisas do lado de todo x é função de Φx, quer dizer, do lado em que se alinha o homem.

A gente se alinha aí, em suma, por escolha — as mulheres estão livres de se colocarem ali se isto lhes agrada. Todo mundo sabe que há mulheres fálicas, e que a função fálica não impede os homens de serem homossexuais. Mas é ela também que lhes serve para se situarem como homens, e abordar as mulheres. Para o homem eu vou depressa, porque o que tenho a falar hoje é da mulher e porque suponho que já repeti isto o bastante para que vocês ainda o tenham na cabeça — para o homem, a menos que haja castração, quer dizer, alguma coisa que diga não à função fálica, não há nenhuma chance de que ele goze do corpo da mulher, ou, dito de outro modo, de que ele faça o amor.

É o resultado da experiência analítica. Isto não impede que ele possa desejar a mulher de todas as maneiras, mesmo quando essa condição não é realizada. Não só ele a deseja, mas lhe faz toda sorte de coisas que se parecem espantosamente com o amor.

Contrariamente ao que adianta Freud, é o homem — quero dizer, aquele que se vê macho sem saber o que fazer disto, no que sendo ser falante — que aborda a mulher, que pode crer que a aborda, porque, com respeito a isto, as convicções, aquelas de que eu falava da última vez, as *cão-vicções*, não faltam. Só que, o que ele aborda, é a causa de seu desejo, que eu designei pelo objeto *a*. Aí está o ato de amor. Fazer o amor, como o nome o indica, é poesia. Mas há um mundo entre a poesia e o ato. O ato de amor é a perversão polimorfa do macho, isto entre os seres falantes. Não há nada de mais seguro, de mais coerente, de mais estrito quanto ao discurso freudiano.

Tenho ainda meia hora para tentar introduzi-los, se ouso me exprimir assim, ao que se passa do lado da mulher. Então, de duas coisas uma — ou o que eu escrevo não tem nenhum sentido, é aliás a conclusão do livrinho, e é por isso que eu rogo que vocês se reportem a ele — ou, quando escrevo $\overline{\forall x}\Phi x$ esta função inédita na qual a negação cai sobre o quantificador a ser lido *não-todo*, isto quer dizer que quando um ser falante qualquer se alinha sob a bandeira das mulheres, isto se dá a partir de que ele se funda por ser não-todo a se situar na função fálica. É isto o que define a... a o quê? — a mulher justamente, só que *A* mulher, isto só se pode escrever barrando-se o *A*. Não há *A* mulher, artigo definido para designar o universal. Não há *A* mulher pois — já arrisquei o termo, e por que olharia eu para isso duas vezes? — por sua essência ela não é toda.

Vejo meus alunos muito menos apegados à minha leitura do que o menor dos bagrinhos, quando ele está animado pelo desejo de ter um diploma de mestrado, e não há um único que não tenha feito não sei que bagunça sobre a falta de significante, o significante da falta de significante, e outras baboseiras a propósito do Falo, ao passo que eu lhes designo, nesse *a* artigo, o significante, apesar de tudo coerente e mesmo indispensável. A prova é que, ainda há pouco, falei de o homem e *a* mulher. É um significante, este *a*. É por este *a* que eu simbolizo o significante cujo lugar é indispensável marcar, que não pode ser deixado vazio. Esse *a* artigo é um significante do qual é próprio ser o único que não pode significar nada, e somente por fundar o estatuto d'*a* mulher no que ela não é toda. O que não nos permite falar de *A* mulher.

Não há mulher senão excluída pela natureza das coisas que é a natureza das palavras, e temos mesmo que dizer que se há algo de que elas mesmas se lamentam bastante por hora, é mesmo disto — simplesmente, elas não sabem o que dizem, é toda a diferença que há entre elas e eu.

Nem por isso deixa de acontecer que se ela está excluída pela natureza das coisas, é justamente pela fato de que, por ser não-toda, ela tem, em relação ao que designa de gozo a função fálica, um gozo suplementar.

Vocês notarão que eu disse *suplementar*. Se tivesse dito *complementar*, onde é que estaríamos! Recairíamos no todo.

As mulheres se atêm, qualquer uma se atém por ser não-toda, ao gozo de que se trata e, meu Deus, de modo geral, estaríamos bem errados em não ver que, contrariamente ao que se diz, de qualquer modo são elas que possuem os homens.

Os populares — eu os conheço, eles não estão necessariamente aqui, mas os conheço nada mal — os populares chamam a mulher de *a burguesa*. É isto que isso quer dizer. São eles que o são, aos montes, não ela. O Falo, seu homem como ela diz, depois de Rabelais sabe-se que isto não lhe é indiferente. Só que, aí é que está toda a questão, ela tem diversos modos de abordá-lo, esse Falo, de o guardar para si. Não é porque ela é não-toda na função fálica que ela deixe de estar nela de todo. Ela não está lá não de todo. Ela está lá a toda. Mas há algo a mais.

Esse *a mais*, prestem atenção, guardem-se de tomar seus ecos depressa demais. Não posso designá-lo melhor nem de outro modo porque é preciso que eu faça um corte, e que eu vá depressa.

Há um gozo, já que nos atemos ao gozo, gozo do corpo, que é, se posso me exprimir assim — por que não fazer disto um título de livro?, é para o próximo da coleção Galilée — *para além do Falo*. Seria engraçadinho isso. E daria uma outra consistência ao MLF. Um gozo para além do falo...

Vocês talvez tenham se dado conta — falo naturalmente aqui a algumas aparências de homens que vejo aqui e ali, felizmente que, na maioria, eu não os conheço, assim não preconcebo nada quanto aos outros — assim de tempos em tempos, entre duas portas, que há alguma coisa que as sacode, as mulheres, ou que as acode. Quando vocês olharem a etimologia dessas duas palavras, nesse Bloch e Von Wartburg de que faço minhas delícias, e que estou certo de que cada um de vocês não o tem mesmo em suas bibliotecas, vocês verão a relação que há entre elas. Não é algo que aconteça por acaso, de qualquer modo.

Há um gozo dela, desse *ela* que não existe e não significa nada. Há um gozo dela sobre o qual talvez ela mesma não saiba nada a não ser que o experimenta — isto ela sabe. Ela sabe disso, certamente, quando isso acontece. Isso não acontece a elas todas.

Eu não queria vir a tratar da pretensa frigidez, mas é preciso fazer parte da moda no que concerne às relações entre os homens e as mulheres. É muito importante. É claro que tudo isso, no discurso, ai de nós!, de Freud como no amor cortês, está coberto por amiudadas considerações que exerceram seus arrasamentos. Considerações amiudadas sobre o gozo clitoridiano e sobre o gozo que chamam como podem, o outro justamente, esse que estou a ponto de fazer vocês abordarem pela via lógica, porque até nova ordem, não há outra.

O que dá alguma chance ao que avanço, isto é, que, desse gozo, a mulher nada sabe, é que há tempos que lhes suplicamos, que lhes suplicamos de joelhos — eu falava da última vez das psicanalistas mulheres — que tentem nos dizer, pois bem, nem uma palavra! Nunca se pôde tirar nada. Então a gente o chama como pode, esse gozo, *vaginal*, fala-se do pólo posterior do bico do útero e outras babaquices, é o caso de dizer. Se simplesmente ela o experimentava, ela não sabia nada dele, o que permitiria lançar muitas dúvidas para o lado da famosa frigidez.

Aí está também um tema, um tema literário. Isto valeria também a pena que a gente se demorasse ali. Não faço outra coisa desde que fiz 20 anos, explorar as filosofias sobre o tema do amor. Naturalmente, eu não centrei isso logo sobre a questão do amor, mas isso me veio com o tempo, justamente com o abade Rousselot de quem eu lhes falava há pouco, e depois toda a querela sobre o amor físico e o amor extático, como dizem. Compreendo que Gilson não a tenha achado muito boa, essa oposição. Ele pensou que Rousselot tivesse feito ali uma descoberta que não o era, pois isso fazia parte do problema, e o amor é tão extático em Aristóteles quanto em são Bernardo, com a condição de que saibamos ler os capítulos sobre a φιλία, a amizade. Há alguns aqui que devem saber mesmo assim que deboche de literatura se produziu em torno disso, Denys de Rougemout — vejam isto, *O amor e o Ocidente*, isso vai longe! — e depois um outro não mais besta que qualquer outro, que se chama Niegrens, um protestante, *Eros e Ágape*. Enfim, naturalmente que se acabou, no cristianismo, por inventar-se um Deus tal que é ele quem goza!

De qualquer modo, há uma pontezinha quando vocês lêem pessoas sérias, como por acaso mulheres. Vou lhes dar de qualquer modo uma indicação, que devo a uma pessoa muito gentil que a havia lido e que a trouxe para mim. Eu me precipitei sobre aquilo. É Hadewijch d'Anvers, uma beata Beguina, o que chamamos mais gentilmente uma mística.

Eu não emprego o termo mística como o empregava Péguy. A mística, não é de modo algum tudo aquilo que não é a política. É algo de sério, sobre o qual nos informam algumas pessoas, e mais freqüentemente mulheres, ou bem gente dotada como são João da Cruz — porque não se é forçado, quando se é macho, de se colocar do lado do $\forall x \Phi x$. Pode-se também colocar-se do lado do não-todo.

Há homens que lá estão tanto quanto as mulheres. Isto acontece. E que, ao mesmo tempo, se sentem lá muito bem. Apesar, não digo de seu Falo, apesar daquilo que os atrapalha quanto a isso, eles entrevêem, eles experimentam a idéia de que deve haver um gozo que esteja mais além. É isto que chamamos os místicos.

Já falei de pessoas que também não estavam tão mal do lado místico, mas que se situavam mais do lado da função fálica, Angelus Silésius por exemplo — confundir seu olho contemplativo com o olho com que Deus o olha, isto bem deve, por força, fazer parte do gozo perverso. Para a Hadewijch em questão, é como para santa Tereza — basta que vocês vão olhar em Roma a estátua de Bernini para compreenderem logo que ela está gozando, não há dúvida. E do que é que ela goza? É claro que o testemunho essencial dos místicos é justamente o de dizer que eles o experimentam, mas não sabem nada dele.

Essas jaculações místicas, não é lorota nem só falação, é em suma o que se pode ler de melhor — podem pôr em rodapé, nota — *Acrescentar os Escritos de Jacques Lacan*, porque é da mesma ordem. Com o que, naturalmente, vocês vão ficar todos convencidos de que eu creio em Deus. Eu creio no gozo da mulher, no que ele é a mais, com a condição de que esse *a mais* vocês lhe coloquem um anteparo antes que eu o tenha explicado bem.

O que se tentava no fim do século passado, no tempo de Freud, o que eles procuravam, toda sorte de gente brava no círculo de Charcot e dos outros, era carregar a mística para as questões de foda. Se vocês olharem de perto, de modo algum não é isto. Esse gozo que se experimenta e do qual não se sabe nada, não é ele o que nos coloca na via da ex-sistência? E por que não interpretar uma face do Outro, a face Deus, como suportada pelo gozo feminino?

Como tudo isso se produz graças ao ser da significância, e como esse ser não tem outro lugar senão o lugar do Outro que designo com o A maiúsculo, vê-se o envesgamento do que se passa. E como é lá também que se inscreve a função do pai, no que é a ela que se remete a castração, vê-se que isso não faz dois Deuses, mas que isso também não faz um só.

Em outros termos, não foi por acaso que Kierkegaard descobriu a existência numa aventurazinha de sedutor. É ao se castrar, ao renunciar ao amor, que ele pensa ter tido acesso a isso. Mas, talvez, depois de tudo, por que não, Regina, também ela, existisse. Esse desejo de um bem ao segundo grau, um bem que não é causado por um *a* minúsculo, talvez fosse por intermédio de Regina que ele tinha sua dimensão.

20 de fevereiro de 1973

VII

Letra de uma Carta de Almor

Coalescência e cisão de a *e* S (Ⱥ)
O Ex-sexo.
Falar em pura perda.
A psicanálise não é uma cosmologia.
O saber do gozo.

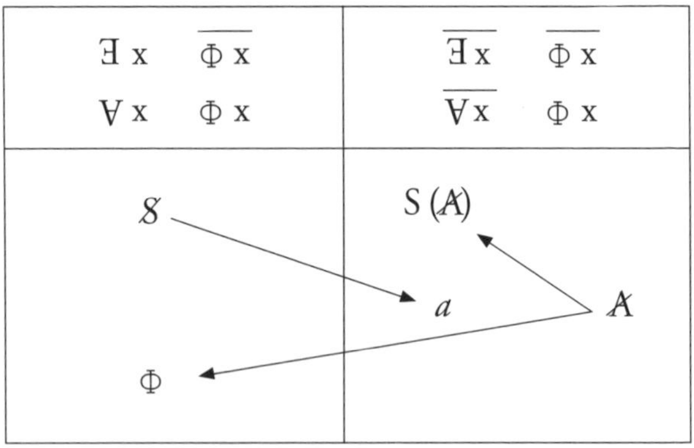

Depois do que acabo de colocar para vocês no quadro, vocês poderiam crer que sabem tudo. É preciso que vocês se guardem disso.

Vamos hoje tentar falar do saber, desse saber que, na inscrição dos quatro discursos nos quais, acreditei poder exemplificar para vocês, se suporta o liame social, simbolizei escrevendo S_2. Talvez que eu chegue a fazer vocês sentirem por que esse 2 vai mais longe que uma secundariedade em relação ao significante puro que se inscreve com o S_1.

1

Já que tomei o partido de lhes dar o suporte desta inscrição, vou comentá-la, brevemente, eu espero. Confesso a vocês que nunca a escrevi em nenhum lugar, e em nenhum lugar a preparei. Ela não me parece exemplar senão, como de hábito, para produzir mal-entendido.

Com efeito, um discurso como o analítico visa ao sentido. De sentido, é claro que só posso lhes dar, a cada um de vocês, o que vocês já estão encaminhados para absorver. Isto tem um limite, que é dado pelo sentido em que vocês vivem. Não é dizer muito, dizer que ele não vai muito longe. O que o discurso analítico faz surgir, é justamente a idéia de que esse sentido é aparência.

Se o discurso analítico indica que esse sentido é sexual, isto só pode ser para dar razão do seu limite. Não há, em parte alguma, última palavra, se não for no sentido em que *última palavra* é *nem palavra*, caluda — já insisti nisto. *Sem resposta, nem palavra*, diz em algum lugar La Fontaine. O sentido indica a direção na qual ele fracassa.

Isto posto, o que deve guardá-los de compreender depressa demais, tomadas todas essas precauções que são de prudência, de φρόνησις como se exprime, na língua grega na qual tantas coisas foram ditas, mas que ficaram longe daquilo que o discurso analítico nos permite articular, eis mais ou menos o que está inscrito no quadro.

Primeiro, as quatro fórmulas proposicionais, em cima, duas à esquerda, duas à direita. Quem quer que seja ser falante se inscreve de um lado ou de outro. À esquerda, a linha inferior, $\forall x \Phi x$, indica que é pela função fálica que o homem como todo toma inscrição, exceto que essa função encontra seu limite na existência de um *x* pelo qual a função Φx é negada, $\exists x \overline{\Phi x}$. Aí está o que chamamos função do pai — de onde procede pela negação a proposição $\overline{\Phi x}$, o que funda o exercício do que supre, pela castração, a relação sexual — no que esta não é de nenhum modo inscritível. O todo repousa portanto, aqui, na exceção colocada, como termo, sobre aquilo que, esse Φx, o nega integralmente.

Em frente, vocês têm a inscrição da parte mulher dos seres falantes. A todo ser falante, como se formula expressamente na teoria freudiana, é permitido, qualquer que ele seja, quer ele seja ou não provido dos atributos da masculinidade — atributos que restam a determinar — inscrever-se nesta parte. Se ele se inscreve nela, não permitirá nenhuma universalidade, será não-todo, no que tem a opção de se colocar na Φx ou bem de não estar nela.

Tais são as únicas definições possíveis da parte dita homem ou bem mulher para o que quer que se encontre na posição de habitar a linguagem.

Embaixo, sob a barra transversal onde se cruza a divisão vertical do que chamamos impropriamente a humanidade, no que ela se repartiria em identificações sexuais, vocês têm uma indicação escandida do que se trata. Do lado do homem, inscrevi aqui, não certamente para privilegiá-lo de modo algum, o $\$$, e o Φ que o suporta como significante, o que bem se encarna também no S_1, que é, entre todos os significantes, esse significante do qual não há significado, e que, quanto ao sentido, simboliza seu fracasso. É o *hemi-senso*, o *inde-senso* por excelência, ou, se vocês quiserem ainda, o *reti-senso*. Esse $\$$ assim duplicado desse significante do qual em suma ele nem mesmo depende, esse $\$$ só tem a ver, enquanto parceiro, com o objeto *a* inscrito do outro lado da barra. Só lhe é dado atingir seu parceiro sexual, que é o Outro, por intermédio disto, de ele ser a causa de seu desejo. A este título, como o indica alhures em meus gráficos a conjunção apontada desse $\$$ e desse *a*, isto não é outra coisa senão fantasia. Essa fantasia, em que o sujeito é preso, é, como tal, o suporte do que se chama expressamente, na teoria freudiana, o princípio de realidade.

Agora, o outro lado. O que eu abordo este ano é o que Freud deixou expressamente de lado, o *Was will das Weib? O que quer uma mulher?*. Freud adianta que só há libido masculina. O que quer dizer isto? — senão que um campo, que nem por isso é coisa alguma, se acha assim ignorado. Esse campo é o de todos os seres que assumem o estatuto da mulher — se é que esse ser assume o que quer que seja por sua conta. Além disso, é impropriamente que o chamamos *a* mulher, pois, como sublinhei da última vez, a partir do momento em que ele se enuncia pelo não-todo, não pode se escrever. Aqui o artigo *a* só existe barrado. Esse *A̸* tem relação, e eu ilustrarei isto hoje para vocês, com o significante A enquanto barrado.

O Outro não é simplesmente esse lugar onde a verdade balbucia. Ele merece representar aquilo com que a mulher fundamentalmente tem relação. Só temos testemunhos esporádicos disto, e é por isso que eu os tomei, da última vez, em sua função de metáfora. Por ser, na relação sexual, em relação ao que se pode dizer do inconsciente, radicalmente o Outro, a mulher é aquilo que tem relação com esse Outro. Aí está o que hoje eu queria tentar articular melhor.

A mulher tem relação com o significante desse Outro, na medida em que, como Outro, ele só pode continuar sendo sempre Outro. Aqui, só posso supor que vocês evocarão meu enunciado de que não há Outro do Outro. O Outro, esse lugar onde vem se inscrever tudo que se pode articular de significante, é, em seu fundamento, radicalmente Outro. É por isso que esse significante, com esse parêntese aberto, marca o Outro como barrado — S (*A̸*).

Como conceber que o Outro possa ser em algum lugar aquilo em relação a que uma metade — porque também é grosseiramente a proporção biológica — uma metade dos seres falantes se refere? É entretanto o que está escrito lá no quadro com aquela flecha partindo do *A̸*. Esse *A̸* não se pode dizer. Nada se pode dizer da mulher. A mulher tem relação com S(*A̸*), e já é nisso que ela se duplica, que ela não é toda, pois, por outro lado, ela pode ter relação com **Φ**.

Φ, nós o designamos com esse Falo, tal como eu o preciso por ser o significante que não tem significado, aquele que se suporta, no homem, pelo gozo fálico. O que é isto? — senão o que a importância da masturbação em nossa prática sublinha suficientemente, o gozo do idiota.

2

Depois disso, para endereçá-los, não me resta mais senão lhes falar de amor. O que vou fazer num instante. Mas que sentido pode haver em eu vir a lhes falar de amor, quando isto é pouco compatível com essa direção pela qual o discurso analítico pode aparentar algo que seria ciência?

Esse *seria ciência*, vocês estão muito pouco conscientes dele. Certamente vocês sabem, porque eu fiz vocês notarem, que houve um momento em que se pôde, não sem fundamento, desfazer aquela garantia de que o discurso científico estava fundado no ponto de virada galileano. Insisti suficientemente nisto para supor que pelo menos alguns de vocês foram às fontes, quero dizer, à obra de Koyré.

Tratando-se do discurso científico, é muito difícil manter igualmente presentes dois termos, que vou lhes dizer.

Por um lado, esse discurso engendrou todo tipo de instrumento que precisamos, do ponto de vista que aqui se trata, qualificar de *gadgets*. Desde então, vocês são, infinitamente muito mais do que pensam, os sujeitos dos instrumentos que, do microscópio ao radiotelevisão, se tornam elementos da existência de vocês. Vocês nem podem atualmente medir o vulto disso, mas isso não faz menos parte do que eu chamo o discurso científico, na medida em que um discurso é aquilo que determina uma forma de liame social.

Por outro lado, é aí que a junção não se faz, há subversão do conhecimento. Até agora, nada do conhecimento se concebeu que não participasse da fantasia de uma inscrição do liame sexual — e nem se pode dizer que os sujeitos da teoria antiga do conhecimento não sabiam disso.

Consideremos apenas os termos *ativo* e *passivo*, por exemplo, que dominam tudo que foi cogitado sobre a relação da forma com a matéria, essa relação tão fundamental, à qual se refere cada passo de Platão, e depois de Aristóteles, no que concerne ao que é da natureza das coisas. É visível, tangível, que esses enunciados só se baseiam numa fantasia com a qual eles tentaram suprir ao que de certa maneira não se pode dizer, isto é, a relação sexual.

O estranho é que nessa grosseira polaridade, essa que da matéria faz o passivo e da forma o agente que a anima, alguma coisa, mas alguma coisa de ambíguo, de qualquer modo, passou, isto é, essa animação não é outra coisa senão esse *a* cujo agente anima o quê? — ele não anima nada, ele toma o outro por sua alma.

Sigam o que progride no curso das eras sobre a idéia de um Deus que não é o da fé cristã, mas o de Aristóteles, o motor imóvel, a esfera suprema. Que há um ser tal que todos os outros seres menos seres do que ele não podem ter outra visada senão o de serem o mais ser que eles possam ser, aí está o fundamento da idéia do Bem nessa ética de Aristóteles, à qual incitei vocês a se reportarem para sacar seus impasses. Se agora nos basearmos nas inscrições desse quadro, certamente que se revelará que é no lugar, opaco, do gozo do Outro, desse Outro no que ele poderia ser, se ela existisse, a mulher, que está situado esse Ser supremo, manifestamente mítico em Aristóteles, essa esfera imóvel de onde procedem todos os movimentos, quaisquer que eles sejam, mudanças, gerações, movimentos, translações, crescimentos etc.

É na medida em que seu gozo é radicalmente Outro que a mulher tem mais relação com Deus do que tudo que se pôde dizer na especulação antiga, ao se seguir a via do que só se articula manifestamente como o bem do homem.

O fim do nosso ensino, no que ele persegue o que se pode dizer e enunciar do discurso analítico, é dissociar o *a* e o A, reduzindo o primeiro ao que é do imaginário, e o outro, ao que é do simbólico. Que o simbólico seja o suporte do que foi feito Deus, está fora de dúvida. Que o imaginário se baseia no reflexo do semelhante ao semelhante, é o que é certo. E no entanto, o *a* pôde prestar à confusão com o S (Ⱥ), abaixo do qual ele se inscreve no quadro, e isto, pelo viés da função do ser. É aqui que uma cisão, um descolamento, resta a ser feita. É neste ponto que a psicanálise é coisa completamente diferente de uma psicologia. Pois, a psicologia, é essa cisão não completada.

3

Aí, para me repousar, vou me permitir ler para vocês o que escrevi para vocês há algum tempo, escrito sobre o quê? — escrito somente lá de onde se pode falar de amor.

Falar de amor, com efeito, não se faz outra coisa no discurso analítico. E como não sentir que, em relação a tudo que se pôde articular depois da descoberta do discurso científico, trata-se, pura e simplesmente, de perda de tempo? O que o discurso analítico nos traz — e é esta talvez, no fim de tudo, a razão de sua emergência num certo ponto do discurso científico — é que falar de amor é, em si mesmo, um gozo.

Isto se confirma seguramente por esse efeito, efeito tangível, de que dizer não importa o quê — o que consigna mesmo o discurso do analisando — é o que leva ao *Lustprinzip*, o que leva a ele da maneira mais direta, sem nenhuma necessidade daquele acesso às esferas superiores que está no fundamento da ética de Aristóteles.

O *Lustprinzip*, com efeito, só se funda na coalescência do *a* com o S(A̸).

A é barrado por nós, é certo. Isto não quer dizer que basta barrá-lo para que nada mais dele exista. Se com esse S (A̸) eu não designo outra coisa senão o gozo da mulher, é certamente porque é ali que eu aponto que Deus ainda não fez sua retirada.

Aí está mais ou menos o que eu escrevia para uso de vocês. Eu escrevia para vocês o quê, em suma? — a única coisa que se pode fazer um pouco de sério, a letra da carta de amor.

As suposições psicológicas graças às quais tudo isso durou tanto tempo, eu sou daqueles que não lhes emprestam boa reputação. Entretanto, não se vê por que o fato de ter uma alma seria um escândalo para o pensamento — se isto fosse verdadeiro. Se fosse verdade, a alma só se poderia dizer pelo que permite a um ser — ao ser falante para chamá-lo por seu nome — suportar o intolerável do seu mundo, o que a supõe estrangeiro a ele, quer dizer, fantasística. O que, essa alma, só se a considera — quer dizer, nesse mundo — por sua paciência e sua coragem em enfrentá-lo. Isto se afirma pelo fato de, até nossos dias, ela não ter, a alma, jamais tido outro sentido.

É aí que alíngua, alíngua em francês, deve me dar uma ajuda — não, como acontece algumas vezes, me oferecendo um homônimo, do *d'eux* (deles) com o *deux* (dois), do *peut* (pode) com o *peu* (pouco), vejam este *il peut peu* (ele pode pouco) que está mesmo aí é para nos servir para alguma coisa — mas simplesmente me permitindo dizer que a gente *âme* (que a gente *alma*). Eu *almo*, tu *almas*, ele *alma*. Aí vocês vêem que só nos podemos servir da escrita, mesmo para incluir o *jamais j'âmais* (o *jamais já almais*).

Sua existência portanto, da alma, pode ser posta em questão — é o termo próprio para se perguntar se não se trata de um efeito do amor. Tanto que, com efeito, a alma alma a alma, não há sexo na transação.

O sexo não conta neste caso. A elaboração de que essa transa resulta é *homossexual*, como é perfeitamente legível na história.

O que eu disse há pouco da coragem, da paciência da alma em suportar o mundo, é o verdadeiro correspondente do que faz um Aristóteles desembocar, em sua procura do bem, no seguinte: que cada um dos seres que estão no mundo só pode se orientar para o maior dos seres ao confundir seu bem, seu próprio bem, com aquele mesmo com o qual radia o Ser supremo. O que Aristóteles evoca como φιλία, isto é, o que representa a possibilidade de um liame de amor entre dois desses seres, pode também, ao manifestar a tensão para o Ser Supremo, se revirar daquele modo que exprimi — é pela coragem em suportar a relação intolerável ao ser supremo que os amigos, os φίλοι se reconhecem e se escolhem. O ex-sexo dessa ética é manifesta, a ponto de eu querer lhe dar a ênfase que dá Maupassant em algum lugar, de anunciar esse estranho termo de Horla. O *exsexo*, aí está o homem sobre qual a alma especulou.

Mas acontece que as mulheres também são almorosas, quer dizer que elas almam a alma. O que será que pode ser essa alma que elas almam em seu parceiro no entanto homo até o pescoço, do que elas não sairão? Isto só pode, com efeito, conduzi-las a esse termo último — e não é por nada que chamo isto do modo que chamo — ὕστερια como se diz em grego, a histeria, ou seja, bancar o homem, como eu disse, por serem por isso *homossexuais* ou em *ex-sexo*, também elas — sendo-lhes daí difícil não sentirem o impasse que consiste no fato de elas se mesmarem no Outro, pois enfim não há necessidade de se saber Outro para sê-lo.

Para que a alma consiga ser, a gente a diferencia, dela, da mulher, é de origem que a gente a diferencia. A gente a *dif... ama*, a gente a *diz fama*. O que de mais famoso, na história, restou das mulheres é, propriamente falando, o que delas se pode dizer de infamante. É verdade que lhes resta a honra de Cornélia, mãe dos Gracos. Não é preciso falar de Cornélia aos analistas, que não pensam mais nisso, mas falem a eles de uma Cornélia qualquer, e eles lhes dirão que isso não acabará muito bem para os filhos dela, os Gracos — eles bancarão os *craques* até o fim de suas existências.

Estava aí o começo da letra de minha carta, um divertimento de alma, um divertialmento.

Fiz então uma alusão ao amor cortês, que aparece no ponto em que o divertialmento homossexual havia caído na suprema decadência, nessa espécie de mau sonho impossível dito da feudalidade. A este nível de degenerescência política, devia tornar-se perceptível que, do lado da mulher, havia alguma coisa que não podia mais de modo algum funcionar.

A invenção do amor cortês não é de modo algum fruto daquilo que se tem o hábito, na história, de simbolizar pela *tese-antítese-síntese*. E não houve depois a mínima síntese, é claro — aliás, não há jamais. O amor cortês brilhou na história como um meteoro, e viu-se retornar em seguida todo o bricabraque de uma pretensa renascença das velharias antigas. O amor cortês restou enigmático.

Aí há um pequeno parêntese — quando um faz dois, não há retorno jamais. Não volta a fazer de novo um, mesmo um novo. A *Aufhebung* é um desses bonitos sonhos de filosofia.

Depois do meteoro do amor cortês, foi de uma partitura completamente diferente que veio o que o rejeitou à sua fertilidade primeira. Foi preciso nada menos do que o discurso científico, ou seja, algo que não deve nada aos pressupostos da alma antiga.

E é dali somente que surge a psicanálise, isto é, a objetivação do fato de que o ser falante passa ainda o tempo a falar em pura perda. Ele passa ainda o tempo a falar para um ofício dos mais curtos — dos mais curtos, eu digo, pelo fato de que esse ofício não vai mais além do que estar em curso ainda, quer dizer, o tempo necessário para que isso enfim se resolva — aí está o que temos diante do nariz — demograficamente.

De modo algum não é isto que arranjará as relações do homem com as mulheres. Ter visto isto, é o gênio de Freud. Freud, é um nome engraçado — *Kraft durch Freud*, é todo um programa. É o salto mais engraçado da santa farsa da história. A gente podia talvez enquanto isso dura, esse pedaço, ter um lampejozinho de algo que seria concernente ao Outro, na medida em que é com isso que a mulher tem a ver.

Trago agora um complemento essencial ao que já foi muito bem visto, mas que esclareceria por fazer perceber por quais vias isso se viu.

O que se viu, mas apenas do lado do homem, foi que aquilo com o que ele tem a ver é com o objeto *a*, e que toda a sua realização quanto à relação sexual termina em fantasia. Viu-se isto muito bem a propósito dos neuróticos. Como é que os neuróticos fazem amor? Foi daí que se partiu. Não se pôde deixar de perceber que havia correlação com as perversões — o que vem em apoio do meu *a*, pois o *a* é aquilo que, quaisquer que sejam as ditas perversões, está lá como causa delas.

O engraçado é que Freud as atribuiu primitivamente à mulher — vejam os *Três ensaios*. É verdadeiramente uma confirmação de que, quando se é homem, vê-se na parceira aquilo em que nos baseamos nós mesmos, aquilo em que a gente se baseia narcisicamente.

Só que a gente teve, na seqüência, oportunidade de perceber que as perversões, tais como a gente crê demarcá-las na neurose, não são isto de modo algum. A neurose é mais o sonho do que a perversão. Os neuróticos não têm nenhum dos caracteres do perverso. Simplesmente sonham com eles, o que é muito natural, pois, sem isto, como atingir o parceiro?

Os perversos, a gente começou então a encontrá-los, são aqueles que Aristóteles não queria ver a nenhum preço. Há neles uma subversão da conduta apoiada num saber-fazer, o qual está ligado a um saber, ao saber sobre a natureza das coisas, há uma embreagem direta da conduta sexual sobre o que é sua verdade, isto é, sua amoralidade. Ponham alma nisso na partida — a *almoralidade*...

Há uma moralidade — eis a conseqüência — da conduta sexual. A moralidade da conduta sexual é o subentendido de tudo o que se disse do Bem.

Só que, à força de se dizer do bem, isso acaba em Kant, onde a moralidade confessa o que ela é. É o que eu acreditei dever adiantar num artigo, *Kant com Sade* — ela confessa que ela é Sade, a moralidade.

Vocês escreverão Sade como quiserem — seja com uma maiúscula, para render homenagem a esse pobre idiota que nos deu sobre isso intermináveis escritos — seja com uma minúscula, pois no fim das contas é sua maneira, dela, de ser agradável, e que, em francês antigo, é o que *ça, isso*, quer dizer — ou seja, melhor, *çade*, para dizer que a moralidade, temos mesmo assim que dizer que isso termina no nível do *ça*, do *isso*, o que é dizer tudo. Dito de outro modo, o de que se trata é de o amor ser impossível, e a relação sexual se abismar no não-senso, o que não diminui em nada o interesse que devemos ter pelo Outro.

A questão é, com efeito, saber no que consiste o gozo feminino, na medida em que ele não está todo ocupado com o homem, e mesmo, eu diria que, enquanto tal, não se ocupa dele de modo algum, a questão é saber o que é do seu saber.

Se o inconsciente nos ensinou alguma coisa, foi primeiro o seguinte, que em alguma parte, no Outro, isso sabe. Isso sabe porque isso se baseia justamente nesses significantes de que o sujeito se constitui.

Ora, isso se presta a confusões, porque é difícil para quem alma não pensar que tudo pelo mundo sabe o que ele tem a fazer. Se Aristóteles suporta seu Deus com essa esfera imóvel, com o uso da qual cada um tem que seguir seu bem, é porque ela é tida por saber seu bem. Aí está aquilo que a falha induzida pelo discurso científico nos obriga a largar.

Não há nenhuma necessidade de saber por quê. Não temos mais nenhuma necessidade desse saber de que Aristóteles parte na origem. Não temos nenhuma necessidade, para explicar os efeitos da gravitação, de imputar à pedra que ela sabe o lugar a que ela deve chegar. A imputação de uma alma ao animal faz do saber o ato por excelência de nada mais do que o corpo — vocês vêem que Aristóteles não estava assim tão por fora —, só que o corpo é feito para uma atividade, uma ἐνέρνεια, e que em alguma parte a enteléquia desse corpo se suporta com essa substância que ele chama de alma.

A análise se presta aqui a essa confusão de nos restituir a causa final, de nos fazer dizer que, para tudo que concerne pelo menos ao ser falante, a realidade é assim, quer dizer, de fantasia. Será que isto é alguma coisa que, de alguma maneira, possa satisfazer ao discurso científico?

Há, segundo o discurso analítico, um animal que se vê falante e para quem, por habitar o significante, resulta ser sujeito dele. Daí, tudo se joga para ele no nível da fantasia, mas de uma fantasia perfeitamente desarticulável de maneira que dê conta do seguinte, que ele sabe muito mais do que crê saber quando age. Mas não basta que seja assim para que tenhamos o princípio de uma cosmologia.

É a eterna ambigüidade do termo *inconsciente*. Certamente, o inconsciente é suposto pelo fato de que no ser falante há em algum lugar algo que sabe mais do que ele, mas isto não é um modelo aceitável do mundo. A psicanálise, na medida em que sua possibilidade se atém ao discurso da ciência, não é uma cosmologia, se bem que basta que o homem sonhe para ver ressaltar esse intenso bricabraque, esse guarda-móveis do qual ele tem que se desvencilhar, e que constitui seguramente uma alma, uma alma ocasionalmente amável quando alguma coisa queira mesmo amá-la.

A mulher só pode amar no homem, eu disse, a maneira com que ele enfrenta o saber com que ele alma. Mas, para o saber com que ele é, a questão se coloca a partir do seguinte, que há algo, o gozo, de que não é possível dizer se a mulher pode dizer alguma coisa — se ela pode dizer o que sabe dele.

Ao termo desta conferência de hoje, chego então, como sempre, à margem do que polarizava meu tema, que é a seguinte, se pode ser colocada a questão do que ela sabe disso. Não é outra questão, senão a de saber se esse termo de que ela goza mais além de todo esse *jogar* que constitui sua relação ao homem, e que eu chamo de Outro, significando-o por um A, se esse termo, ele, sabe alguma coisa. Pois é nisso que ela é ela própria sujeita ao Outro, tanto quanto o homem.

Será que o Outro sabe?

Havia um chamado Empédocles — como por acaso, Freud se serve dele, de tempos em tempos, como de um saca-rolhas — de quem só conhecemos sobre isto três versos, mas dos quais Aristóteles tira muito bem as conseqüências quando enuncia que, em suma, Deus era, para Empédocles, o mais ignorante de todos os seres, por não conhecer de modo algum o ódio. É o que os cristãos mais tarde transformaram em dilúvios de amor. Infelizmente, isto não cola, porque não conhecer de modo algum o ódio é não conhecer de modo algum o amor também. Se Deus não conhece o ódio, é claro, para Empédocles, que ele sabe menos do que os mortais.

De sorte que poderíamos dizer que quanto mais o homem se possa prestar, para a mulher, à confusão com Deus, quer dizer, aquilo de que ela goza, menos ele odeia e menos ele é — e uma vez que, depois de tudo, não há amor sem ódio, menos ele ama.

13 de março de 1973

VIII

O SABER E A VERDADE

A hainamoration.
O saber sobre a verdade.
Contingência da junção fálica.
Caridade de Freud.
Gozar do saber.
O inconsciente e a mulher.

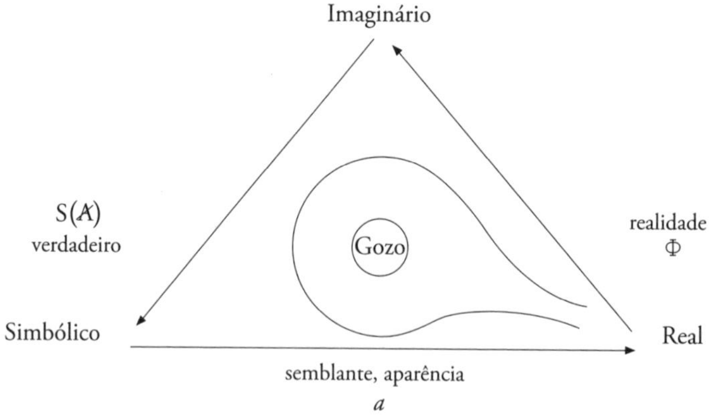

Gostaria muito que, de tempos em tempos, eu tivesse uma resposta, até mesmo um protesto.

Da última vez, saí bastante inquieto, para não dizer mais. No entanto acho que aquilo, em minha releitura, se verifica para mim mesmo inteiramente suportável — é meu modo de dizer que estava muito bom. Mas não ficaria descontente se alguém pudesse me dar testemunho de ter entendido alguma coisa. Bastaria que uma mão se levantasse para que a essa mão, se assim posso dizer, eu desse a palavra.

Vejo que nenhuma se levanta, de sorte que tenho então que continuar.

1

O que, para vocês, eu gostaria de escrever hoje como a *hainamoration*, uma enamoração feita de ódio (*haine*) e de amor, um *amódio*, é o relevo que a psicanálise soube introduzir para nele inscrever a zona de sua experiência. Era, de sua parte, um testemunho de boa vontade. Se pelo menos ela tivesse sabido chamá-lo com outro nome que não esse, bastardo, de ambivalência, talvez ela tivesse tido mais sucesso em revelar o contexto da época em que ela se insere. Mas isto talvez seja modéstia de sua parte.

Fiz notar, da última vez, que não é por nada que Freud se arma com o dito de Empédocles de que Deus deve ser o mais ignorante de todos os seres, por não conhecer de modo algum o ódio. A questão do amor é assim ligada à do saber. Eu acrescentava que os cristãos transformaram esse não-ódio de Deus numa marca de amor. É aí que a análise nos incita a esse lembrete de que não se conhece nenhum amor sem ódio. Muito bem, se esse conhecimento nos decepciona, que foi fomentado pelo curso dos séculos, e se precisamos hoje renovar a função do saber, é talvez porque o ódio nele não foi, de modo algum, posto em seu lugar.

É verdade que isto não parece ser o mais desejável de evocar. É por isso que terminei com esta frase: *Poderíamos dizer que quanto mais o homem se possa prestar, para a mulher, à confusão com Deus, quer dizer, aquilo de que ela goza*, lembrem-se do meu esquema da última vez, *menos ele odeia* (*hait*) *e*, ao mesmo tempo, *menos ele é* (*est*), quer dizer que, nesse caso, *menos ele ama.* Não fiquei muito feliz de ter terminado nisso, que no entanto é uma verdade. É o que me fará hoje me interrogar mais uma vez sobre o que aparentemente se confunde do verdadeiro com o real.

Que o verdadeiro visa ao real, este enunciado é fruto de uma longa redução das pretensões à verdade. Por toda parte onde a verdade se apresenta, se afirma a si mesma como de um ideal do qual a palavra pode ser o suporte, ela não se atinge assim tão facilmente. Quanto à análise, se ela se coloca por uma presunção, é mesmo por esta, de que se possa constituir, por sua experiência, um saber sobre a verdade.

No pequeno engrama que lhes dei do discurso analítico, o *a* se escreve em cima à esquerda, e se sustenta pelo S_2, quer dizer, pelo saber no que ele está no lugar da verdade. É dali que ele interpela o $\$$, o que deve dar na produção do S_1, do significante pelo qual se possa resolver o quê? — sua relação com a verdade.

$$\frac{a}{S_2} \longrightarrow \frac{\$}{S_1}$$

Esquema do Discurso Analítico

A verdade, digamos, para irmos direto ao assunto, é, de origem, ἀλήθηεια, termo sobre o qual tanto especulou Heidegger. *Emet*, o termo hebreu, tem, como todos os usos do termo verdade, origem jurídica. Ainda em nossos dias, à testemunha é solicitado dizer a verdade, nada mais que a verdade, e ainda mais, toda, se ela puder — como é, vejam só, que ela poderia? Reclama-se dela toda a verdade sobre o que ela sabe. Mas, de fato, o que é procurado, e mais do que qualquer outra coisa no testemunho jurídico, é do que poder julgar o que é do seu gozo. O objetivo, é que o gozo se confessa, e justamente, porque ele pode ser inconfessável. A verdade procurada é essa aí, no que diz respeito à lei, que regra o gozo.

É também no que, nos termos de Kant, evoca-se o problema do que deve fazer o homem livre quando se lhe propõe todos os gozos se ele denunciar o inimigo que o tirano teme ser aquele que lhe disputa o gozo. Desse imperativo, de que nada que é da ordem do pático deve dirigir o testemunho, será que se deve deduzir que o homem livre deve dizer a verdade ao tirano, mesmo o rival? A reserva que nos inspira a todos a resposta de Kant, que é afirmativa, se prende ao fato de que, toda a verdade, é o que não se pode dizer.

É o que só se pode dizer com a condição de não levá-la até o fim, de só se fazer semidizê-la.

Outra coisa ainda nos ata quanto ao que é da verdade: é que o gozo é um limite. Isto se prende à estrutura mesma que evocavam, no tempo em que os construí para vocês, meus quadrípodes — o gozo só se interpela, só se evoca, só se suprema, só se elabora a partir de um semblante, de uma aparência.

Mesmo o amor, como sublinhei da última vez, se dirige ao semblante. E, se é verdadeiro que o Outro só se atinge agarrando-se, como disse da última vez, ao *a*, causa do desejo, é também do mesmo modo à aparência de ser que ele se dirige. Esse ser-aí não é um nada. Ele é suposto a esse objeto que é o *a*.

Não devemos reencontrar aqui esse indício de que enquanto tal ele responde a algum imaginário? Esse imaginário, eu o designei expressamente com o *I* aqui isolado do termo *imaginário*. Não é senão da vestimenta da imagem de si, que vem envolver o objeto causa do desejo, que se sustenta mais freqüentemente — é mesmo a articulação da análise — a relação objetal.

A afinidade do *a* com seu envolvimento é uma dessas articulações maiores que foram adiantadas pela psicanálise. É para nós o ponto de suspeição que ela introduz essencialmente.

É aí que o real se distingue. O real só se poderia inscrever por um impasse da formalização. Aí é que eu acreditei poder desenhar seu modelo a partir da formalização matemática, no que ela é a elaboração mais avançada que nos tem sido dado produzir da significância. Essa formalização matemática da significância se faz ao contrário do sentido, eu ia quase dizer a *contra-senso*. O *isto não quer dizer nada* concernente às matemáticas, é o que dizem, em nosso tempo, os filósofos das matemáticas, sejam eles próprios matemáticos, como Russell.

E, no entanto, em relação a uma filosofia cuja ponta é o discurso de Hegel — plenitude dos contrastes dialetizados na idéia de uma progressão histórica, da qual é preciso dizer que nada nos atesta sua substância — a formalização da lógica matemática, tão bem-feita para só se basear na escrita, não poderá ela nos servir no processo analítico, no que ali se designa isso que invisivelmente retém os corpos?

Se me fosse permitido dar-lhe uma imagem, eu a tomaria facilmente daquilo que, na natureza, mais parece aproximar-se dessa redução às dimensões de superfície que a escrita exige, e de que já se maravilhava Spinoza — esse trabalho de texto que sai do ventre da aranha, sua teia. Função verdadeiramente milagrosa, ao se ver, da superfície mesma surgindo de um ponto opaco desse ser estranho, desenhar-se o traço desses escritos, onde perceber os limites, os pontos de impasse, os becos sem saída, que mostram o real acedendo ao simbólico.

É aí que eu não creio vão ter chegado à escrita do *a*, do $\mathcal{S}$, do significante, do A e do Φ. Sua escrita mesma constitui um suporte que vai além da fala, sem sair dos efeitos mesmos da linguagem. Isto tem o valor de centrar o simbólico, com a condição de saber servir-se disso, para quê? — para reter uma verdade côngrua, não a verdade que pretende ser toda, mas a do semidizer, aquela que se verifica por se guardar de ir até à confissão, que seria o pior, a verdade que se põe em guarda desde a causa do desejo.

2

A análise presume, do desejo, que ele se inscreve por uma contingência corporal.

Lembro a vocês a maneira como dou suporte a esse termo de contingência. O Falo — tal como a análise o aborda como ponto-chave, o ponto extremo do que se enuncia como causa do desejo — a experiência analítica pára de não escrevê-lo. É nesse *pára de não se escrever* que reside a ponta do que chamei de contingência.

A experiência analítica encontra aí seu termo, pois tudo que ela pode produzir, segundo meu engrama, é S_1. Penso que vocês ainda têm a lembrança do rumor que consegui produzir da última vez, ao designar esse significante, S_1, como o significante do gozo mesmo mais idiota — nos dois sentidos do termo, gozo do idiota, que tem mesmo aqui sua função de referência, gozo também o mais singular.

O necessário, ele nos é introduzido pelo *não pára*. O *não pára* do necessário é o *não pára de se escrever*. É mesmo a essa necessidade que nos leva aparentemente a análise da referência do Falo.

O *não pára de não se escrever*, em contraposição, é o impossível, tal como o defino pelo que ele não pode, em nenhum caso, escrever-se, e é por aí que designo o que é da relação sexual — a relação sexual não pára de não se escrever.

Por este fato, a aparente necessidade da função fálica se descobre ser apenas contingência. É enquanto modo do contingente que ela pára de não se escrever. A contingência é aquilo no que se resume o que submete a relação sexual a ser, para o ser falante, apenas o regime do encontro. Só como contingência é que, pela psicanálise, o Falo, reservado nos tempos antigos aos Mistérios, parou de não se escrever. Nada mais. Ele não entrou no *não pára*, no campo do qual depende a necessidade, por uma parte e, mais acima, a impossibilidade.

O verdadeiro testemunha então aqui que, ao se pôr em guarda, como ele faz, contra o imaginário, tem muito a ver com *a* na tomia.

Esses três termos, os que inscrevi com o *a*, o S ($\cancel{A}$) e o Φ, é, no fim das contas, sob um ângulo depreciativo que os trago. Eles se inscrevem sobre esse triângulo constituído pelo Imaginário, pelo Simbólico e pelo Real.

À direita, a pouca-realidade, em que se baseia esse princípio do prazer, que faz com que tudo que nos é permitido abordar de realidade reste enraizado na fantasia.

Por outra parte, S ($\cancel{A}$), que outra coisa pode ser senão a impossibilidade de dizer toda a verdade, de que eu falava há pouco?

Enfim, o simbólico, ao se dirigir para o real, nos demonstra a verdadeira natureza do objeto *a*. Se há pouco eu o qualifiquei de aparência de ser, é porque ele parece nos dar o suporte do ser. Em tudo que se elaborou sobre o ser, e mesmo sobre a essência, em Aristóteles por exemplo, podemos ver, ao lê-lo a partir da experiência analítica, que se trata do objeto *a*. A contemplação, aristotélica por exemplo, é o fato desse olhar tal como o defini, em *Os quatro conceitos fundamentais da psicanálise*, como um dos quatro suportes que constituem a causa do desejo.

Por tal graficização — para não falar em gráfico, pois que é um termo que tem sentido preciso na lógica matemática — se mostram as correspondências que fazem do real uma abertura entre o semblante, resultante do simbólico, e a realidade tal como ela se baseia no concreto da vida humana — nisso que leva os homens, nisso que os faz se enfiarem sempre pelos mesmos caminhos, nisso que faz com que jamais se dê a cor do que ainda está para nascer senão como *em-cor-nado*.

Do outro lado, o *a*. Este, por estar enfim no bom caminho, ele nos fará tomá-lo por um ser, em nome de ser aparentemente alguma coisa mesmo. Mas ele só se resolve, no fim das contas, em seu fracasso, em não poder sustentar-se na abordagem do real.

O verdadeiro, então, certamente, é isso. Só que isso não se atinge jamais senão por caminhos tortuosos. Apelar para o verdadeiro, como correntemente somos levados a fazer, é simplesmente lembrar que não é preciso enganar-se, e crer que já se está mesmo dentro da aparência. Antes da aparência, na qual, com efeito, tudo se baseia para ressaltar na fantasia, há que fazer uma distinção severa do imaginário e do real. Não devemos crer que sejamos, de modo algum, nós mesmos que suportamos o semblante. Nós nem mesmo somos semblantes. Somos, ocasionalmente, o que pode ocupar o seu lugar, e nele fazer reinar o quê? — o objeto *a*.

O analista, com efeito, de todas as ordens de discurso que se sustentam atualmente — e este termo não é um nada se damos ao ato seu pleno sentido aristotélico — é aquele que, ao pôr o objeto *a* no lugar do semblante, está na posição mais conveniente para fazer o que é justo fazer, a saber, interrogar como saber o que é da verdade.

3

O que é o saber? É estranho que, antes de Descartes, a questão do saber jamais tenha sido posta. Foi preciso a análise para que essa questão se renovasse.

A análise veio nos anunciar que há saber que não se sabe, um saber que se baseia no significante como tal. Um sonho, isso não introduz a nenhuma experiência insondável, a nenhuma mística, isso se lê do que dele se diz, e que se poderá ir mais longe ao tomar seus equívocos no sentido mais anagramático do termo. É neste ponto da linguagem que um Saussure se colocava a questão de saber se nos versos saturninos, onde ele encontrava as mais estranhas pontuações de escrita, isto era intencional ou não. É aí que Saussure espera por Freud. E é aí que se renova a questão do saber.

Se vocês quisessem aqui me perdoar por tomar emprestado de um registro completamente diferente, o das virtudes inauguradas pela religião cristã, há ali uma espécie de efeito tardio, de rebrotamento da caridade. Não é mesmo, em Freud, caridade ter permitido à miséria dos seres falantes dizer-se que há — pois que há o inconsciente — algo que transcende, que transcende verdadeiramente, e que não é outra coisa senão aquilo que ela habita, essa espécie, isto é, a linguagem? Não é mesmo, sim, caridade, anunciar-lhe a nova de que, naquilo que é sua vida quotidiana, ela tem, com a linguagem, um suporte de maior razão do que poderia parecer e que a sabedoria, objeto inatingível de uma vã perseguição, já está nela?

Será preciso dar toda essa volta para colocar a questão do saber na forma: *quem é que sabe?*. Será que a gente se dá conta de que é o Outro? — tal como de começo o coloquei, como o lugar onde o significante se coloca, e sem o qual nada nos indica que haja em parte alguma uma *dimensão* de verdade, uma *diz-mansão*, a residência do dito, desse dito cujo saber põe o Outro como lugar. O estatuto do saber implica, como tal, que já há saber e no Outro, e que ele é a prender, a ser tomado. É por isso que ele é feito de *aprender*.

O sujeito resulta de que ele deve ser aprendido, esse saber, e mesmo ser apreciado, posto a preço, quer dizer, que é seu custo que o avalia, não como de troca, mas como de uso. O saber vale justo quanto ele custa, ele é custoso, ou gustoso, pelo que é preciso, para tê-lo, empenhar a própria pele, pois que ele é difícil, difícil de quê? — menos de adquiri-lo do que de gozar dele.

Ali, no gozar, a conquista desse saber se renova de cada vez que ele é exercido, e o poder que ele dá, resta sempre voltado para seu gozo.

É estranho que isto jamais tenha sido posto em relevo, que o sentido do saber está todo aí, que a dificuldade do seu exercício é aquilo mesmo que realça a de sua aquisição. É pelo que se repete, a cada exercício dessa aquisição, que não importa qual dessas repetições deve ser posta como primeira no seu aprendido.

Por certo que há coisas que correm e que têm completamente o ar de funcionarem como maquininhas — chamamos a elas computadores. Que um computador pense, quanto a mim estou de acordo. Mas que ele saiba, quem é que vai dizer isto? Pois a fundação de um saber é que o gozo do seu exercício é o mesmo do da sua aquisição.

Aí se encontra de modo seguro, mais seguro do que no próprio Marx, o de que se trata num valor de uso, pois que tão bem quanto em Marx, ele só está aí para constituir ponto ideal em relação ao valor de troca no qual tudo se resume.

Falemos desse aprendido que não repousa na troca. Do saber de um Marx em política — o que não é um nada — não se faz *comárxio*, se vocês me permitem. Não mais do que não se pode, do saber de Freud, fazer *fraude*.

Basta olhar para ver que por toda parte onde não os encontramos, esses saberes, tê-los feito entrar na própria pele por duras experiências, isto acaba a seco. Não se importa nem se exporta isso. Não há informação que fique, senão da medida de alguém formado no uso.

Assim se deduz o fato de que o saber está no Outro, que ele não deve nada ao ser, a não ser que este tenha veiculado sua letra. Donde resulta que o ser pode matar onde a letra reproduz, mas reproduz jamais o mesmo, jamais o mesmo ser de saber.

Penso que vocês sentem aí, quanto ao saber, a função que dou à letra. É aquela a propósito da qual eu lhes rogo não deslizar depressa demais para o lado das pretensas mensagens. É aquela que faz a letra análoga de um gérmen, gérmen que devemos, se estamos na linha da fisiologia molecular, severamente separar dos corpos junto aos quais ele veicula vida e morte conjuntamente.

Marx e Lênin, Freud e Lacan não são parelhas no ser. É pela letra que eles acharam no Outro que, como seres de saber, eles procedem dois a dois num Outro suposto. O novo, no saber deles, é que não é suposto que o Outro saiba nada dele — não, por certo, o ser que ali fez letra — pois é mesmo do Outro que ele fez letra às suas expensas, ao preço do seu ser, meu Deus, para cada um não é que se trate de coisa alguma, mas, tão pouco, não se trata de muita coisa, para dizer a verdade.

Esses seres, de que a letra se faz, vou lhes fazer sobre eles uma confidenciazinha. Eu não penso, apesar de tudo que se contou, por exemplo, sobre Lênin, que nem o ódio nem o amor, que a *hainamoration*, o amódio da enamoração, tenha verdadeiramente sufocado nenhum deles. Que não me venham com histórias a propósito da senhora Freud! Sobre isto, tenho o testemunho de Jung. Ele dizia a verdade. Este era mesmo o erro dele — ele não dizia senão isso.

Aqueles que chegam a fazer esse tipo de rejeição do ser, ainda, são mais os que participam do desprezo. Eu farei vocês escreverem desta vez, já que hoje estou me divertindo, *despreço.* O que faz preço único. Estamos nos tempos dos *Supermarkets*, então temos que saber o que somos capazes de produzir, mesmo em matéria de ser.

O chato é que o Outro, o lugar, ele, não saiba nada. Não se pode mais odiar a Deus se ele próprio não sabe nada, notadamente do que se passa. Quando podíamos odiá-lo, podíamos acreditar que ele nos amava, uma vez que ele não nos retrucava. Não era aparente, apesar de, em alguns casos, terem entrado nessa pra valer.

Enfim, como estou chegando ao extremo desses discursos que tenho a coragem de prosseguir diante de vocês, eu queria lhes dizer uma idéia que me vem sobre isso e na qual eu refleti só um pouquinho. Explicam para nós a infelicidade de Cristo por uma idéia de salvar os homens, eu acho que se tratava mais era de salvar a Deus, dando-se de novo um pouco de presença, de atualidade a esse ódio de Deus a respeito do qual nós somos, e por justa causa, mais freqüentemente moles.

É daí que eu digo que a imputação do inconsciente é um fato de incrível caridade. Eles sabem, eles sabem, os sujeitos. Mas enfim, mesmo assim eles não sabem tudo. No nível desse não-tudo não há senão o Outro a não saber. É o Outro que faz o não-tudo, justamente no que ele é a parte que de-todo-não-sabe nesse não-tudo.

Agora, momentaneamente, pode ser cômodo torná-lo responsável por isso a que chega a análise de maneira a mais confessa, só que ninguém percebe — se a libido é apenas masculina, a querida mulher, não é senão de lá onde ela é toda, quer dizer, lá de onde o homem a vê, não é senão de lá que a querida mulher pode ter um inconsciente.

E de que lhe serve isto? Isto lhe serve, como todo mundo sabe, para fazer falar o ser falante, aqui reduzido ao homem, quer dizer — não sei se vocês chegaram a notar na teoria analítica —, a só existir como mãe. Ela tem efeitos de inconsciente, mas o inconsciente dela — no limite em que ela não é responsável pelo inconsciente de todo mundo, quer dizer, no ponto em que o Outro com o qual ela tem a ver, o grande Outro, faz com que ela não saiba nada, porque ele, o Outro, sabe tão menos que é muito difícil sustentar sua existência — esse inconsciente, o que dizer dele? — senão sustentando com Freud que ele não é a sua parte boa.

Da última vez, eu joguei, como me permito, com o equívoco um pouco forçado entre ele *hait*, ele odeia, e ele *est*, ele é. Não gozo com isto, senão em colocar a questão de que ele seja digno da tesoura. É justamente o de que se trata na castração.

Que o ser como tal provoque o ódio, isto não está excluído. Certamente, todo o negócio de Aristóteles foi, ao contrário, conceber o ser como sendo aquilo pelo que os seres menos seres participam do mais elevado dos seres. E são Tomás conseguiu introduzir isto na tradição cristã — o que não é de surpreender, visto que, para ter-se disseminado entre os Gentios, era mesmo forçoso que ela tivesse ali se formado, de sorte que só bastava um empurrãozinho para que tornasse a funcionar. Mas será que a gente se dá conta de que toda a tradição judaica é contrária a isto? Ali, a ruptura não passa entre o mais perfeito e o mais imperfeito. Ali, o menos perfeito é muito simplesmente o que ele é, quer dizer, radicalmente imperfeito, e não há estritamente nada a fazer senão obedecer ao dedo e ao olho, se assim ouso me exprimir, àquele que tem o nome de Javé, aliás com alguns outros nomes ao redor. Este, escolhe seu povo, e não há que se ir contra.

Não será que aí não se desnuda que, bem melhor do que atraí-lo fazendo-o um ser-de-ódio, é traí-lo ocasionalmente? E é aquilo de que, muito evidentemente, os judeus não se privaram. Eles não tinham outra saída.

Sobre esse tema do ódio, estamos tão sufocados por ele que ninguém percebe que um ódio, um ódio sólido, ele se dirige ao ser, ao ser mesmo de alguém que não é forçosamente Deus.

A gente fica — e é mesmo por isso que eu disse que o *a* é uma aparência de ser — na noção — e é aí que a análise, como sempre, é um pouquinho manca —, na noção de ódio-ciumento aquele que brota do *gozume*, o gozo do ciúme, aquele que se *imagenizaria* com o olhar, em santo Agostinho que o observa, o homenzinho. Ele está ali como terceiro. Ele observa, o homenzinho e, *palidus*, ele empalidece com aquilo, por observar, apenso à teta, o *colactaneum suum*. Felizmente que é o gozo substitutivo primeiro, na enunciação freudiana, o desejo evocado de uma metonímia que se inscreve por uma demanda suposta, dirigida ao Outro, desse núcleo do que chamei *Ding*, em meu seminário sobre *A ética da psicanálise*, ou seja, *A coisa freudiana* e, em outros termos, o próximo mesmo, que Freud se recusa a amar além de certos limites.

A criança olhada, ela o tem, o *a*. Será que ter o *a* é sê-lo? Aí está a questão na qual eu os deixo hoje.

20 de março de 1973

Complemento

Início da sessão seguinte: A POSIÇÃO DO LINGÜISTA

Quase nunca falo do que é publicado, quando se trata de algo meu, tanto mais que, em geral, tenho que esperar tanto, que o interesse se distancia de mim. Contudo, não seria mau que para a próxima vez vocês lessem algo que intitulei *l'Étourdit*, que parte da distância que há entre o dizer e o dito.

Que não haja ser senão no dito é uma questão que deixaremos em suspenso. É certo que não há dito senão do ser, mas isto não impõe a recíproca. Por outro lado, o que é meu dizer é que não há inconsciente senão do dito. Só podemos tratar do inconsciente a partir do dito, e do dito pelo analisando. Isto, é um dizer.

Como dizer? Esta é a questão. Não se pode dizer de qualquer maneira, e este é o problema de quem habita a linguagem, quer dizer, todos nós.

Por isso mesmo é que hoje — a propósito dessa hiância que eu quis exprimir um dia ao distinguir da lingüística o que eu faço aqui, isto é, a lingüisteria — eu pedi a alguém, a quem agradeço muito por ter querido aceitar, que viesse hoje lhes dizer qual é atualmente a posição do lingüista. Ninguém melhor qualificado para isto do que este que lhes apresento, Jean-Claude Milner, um lingüista.

Fim da sessão: AGRADECIMENTOS

Não sei o que posso fazer nos 15 minutos que me restam. Eu me guiarei por uma noção ética. A ética — como podem talvez entrever aqueles que me ouviram falar dela em outros tempos — tem a maior relação com nossa habitação da linguagem, e é também — como nos mostrou um certo autor que evocarei de outra vez — da ordem do gesto. Quando se habita a linguagem, há gestos que se fazem, gestos de cumprimento, de prosternação ocasionalmente, de admiração quando se trata de um outro ponto de fuga, o belo. Isto implica que não se vai além disso. Fazemos um gesto, e depois nos conduzimos como todo mundo, quer dizer, como o resto da canalha.

Contudo, há gesto e gesto. E o primeiro gesto que me é literalmente ditado por essa referência ética, deve ser o de agradecer a Jean-Claude Milner pelo que ele nos deu sobre o ponto atual da falha que se abre na própria lingüística. Isto justifica talvez um certo número de condutas que só devemos talvez — falo de mim — a uma certa distância em que estávamos dessa ciência em ascensão, quando ela acreditava poder tornar-se uma, ciência. É certo que a informação que tivemos agora era para nós da maior urgência. Com efeito, é mesmo assim muito difícil não percebermos que, no que toca à técnica analítica, se o sujeito que está diante de nós não diz nada, trata-se de uma dificuldade da qual o mínimo que se pode dizer é que ela é inteiramente especial.

O que eu adiantava, ao escrever *alíngua* numa só palavra, era mesmo aquilo pelo que eu me distingo do estruturalismo, na medida em que ele integraria a linguagem à semiologia — e essa me parece uma das numerosas luzes que projetou Jean-Claude Milner. Como indica o livrinho que fiz vocês lerem com o título de *Titre de la Lettre,* é bem de uma subordinação do signo para com o significante que se trata em tudo que adiantei.

É preciso também que eu tenha tempo de render homenagem a Recanati que, com sua intervenção, seguramente me provou que fui bem entendido. Podemos ver isto em todas as questões em avanço que ele adiantou e que são, de algum modo, aquelas nas quais me resta, este fim de ano, fornecer-lhes o que desde agora tenho como resposta. Que ele tenha terminado com a questão de Kierkegaard e de Regina é absolutamente exemplar — como eu só havia feito sobre isto, até agora, uma breve alusão, trata-se mesmo de algo que é ele que crê. Não se pode ilustrar melhor, no ponto em que estou dessa abertura de caminho que faço diante de vocês, o efeito de ressonância que é simplesmente alguém sacar o de que se trata. Pelas questões que ele me propôs, serei seguramente auxiliado no que tenho a lhes dizer em seguida. Eu lhe pedirei seu texto para que possa me referir a ele quando acontecer que eu possa responder.

Que ele se tenha referido a Berkeley, não havia nenhuma indicação disto no que enunciei diante de vocês, e é nisto que lhe sou ainda mais reconhecido. Para lhes dizer tudo, tomei mesmo cuidado muito recentemente em procurar uma edição original — vocês podem pensar que eu sou bibliófilo, mas só os livros que eu tenho vontade de ler é que eu procuro no original. Eu revi nessa ocasião, domingo passado, esse *Minute Philosopher*, esse mínimo filósofo, *Alciphron* como o chamam também. É certo que se Berkeley não fosse de minha refeição mais antiga, muitas coisas provavelmente, inclusive minha desenvoltura em me servir de referências lingüísticas, não teriam sido possíveis.

De qualquer modo, queria dizer alguma coisa concernente ao esquema que Recanati teve que apagar ainda há pouco. É verdadeiramente a questão — ser histérica ou não. Há Um ou não? Em outros termos, essa não-toda, numa lógica que é a lógica clássica, parece implicar a existência do Um que faz exceção. Daí, seria nisso que seríamos o surgimento em abismo — e vocês vão ver por que o qualifico assim — dessa existência, essa ao-menos-uma existência que, com vistas à função Φx, se inscreve para dizê-la. Pois o próprio do dito, é o ser, como eu dizia ainda há pouco. Mas o próprio do dizer, é de ex-sistir em relação a qualquer dito que seja.

Agora a questão é saber, com efeito, se de um não-todo, de uma objeção ao universal, pode resultar isto que se enunciaria por uma particularidade que se contradiz — vocês vêem que eu continuo no nível da lógica aristotélica.

Só que tem o seguinte: de nós podermos escrever *não-todo x se inscreve em* Φx $(\overline{\forall x}.\Phi x)$ deduz-se, por via de implicação, que há um x que contradiz isto. O que é verdadeiro com uma única condição, de que, no todo ou no não-todo de que se trata, se trata do finito. Para o que é finito, há não somente implicação, mas equivalência. Basta haver um que contradiga a fórmula universalizante para que devamos aboli-la e transformá-la em particular. Esse não-todo se torna equivalente do que, em lógica aristotélica, se enuncia do particular. Há a exceção. Só que podemos lidar, ao contrário, com o infinito. Agora, não mais é do lado da extensão que devemos tomar o não-toda. Quando digo que a mulher é não-toda e que é por isso que não posso dizer *a* mulher, é precisamente porque ponho em questão um gozo que, em vista de tudo que serve na função Φx, é da ordem do infinito.

Ora, desde que lidem com um conjunto infinito, vocês não poderão colocar que o não-todo comporta a existência de algo que se produza por uma negação, por uma contradição. Vocês podem, a rigor, colocá-lo como de existência indeterminada. Só que, como sabemos pela extensão da lógica matemática, aquela que se qualifica precisamente de intencionista, para colocar um "existe" é preciso também poder construí-lo, quer dizer, encontrar onde está essa existência.

É nesse pé que me apóio para produzir esse esquartejamento que põe uma existência muito bem qualificada por Recanati de excêntrica à verdade. É entre o $\exists x$ e o $\overline{\exists x}$ que se situa a suspensão dessa indeterminação, entre uma existência que se acha por se afirmar, e a mulher no que ela não se acha, o que confirma o caso de Regina.

Para terminar, eu lhes direi algo que vai fazer, segundo meu modo, um pouquinho de enigma. Se vocês lerem em algum lugar essa coisa que escrevi com o nome de *A coisa freudiana*, entendam isto ali, que só há uma maneira de poder escrever *a* mulher sem ter que barrar o *a* — é no nível em que, a mulher, é a verdade. E é por isso que só podemos semidizê-la.

10 de abril de 1973

— *Pode-se ler o artigo em que se baseia a exposição de Jean-Claude Milner em seu livro* Arguments Linguistiques, *Paris, Mame, 1973, p.179-217.*

— O *texto de Lacan, intitulado* L'Étourdit, *está em* Scilicet, *revista da Escola Freudiana de Paris, número 4, Paris, Seuil, 1973, p.5-52.*

IX

Do Barroco

Aonde isso fala, isso goza, e nada sabe.

Penso em vocês. Isto não quer dizer que penso vocês.

Alguém aqui talvez se lembre do que falei sobre uma língua na qual se diria — *amo em vocês*, no que ela se modelaria, melhor do que outras, sobre o caráter indireto desse ataque que se chama o amor.

Penso em vocês, já é mesmo fazer objeção a tudo que pudesse chamar-se de *ciências humanas* numa certa concepção da ciência, não essa ciência que se faz há apenas alguns séculos, mas aquela que se definiu de certo modo com Aristóteles. Donde resulta que é preciso perguntar-se, sobre o princípio do que nos trouxe o discurso analítico, por quais vias pode mesmo passar essa ciência que é a nossa.

Isto implica que eu formule primeiro de onde nós partimos. De onde partimos é daquilo que nos dá o discurso analítico, isto é, o inconsciente. É por isso que limarei primeiro algumas fórmulas um pouco cerradas, concernentes ao que é do inconsciente face à ciência tradicional. O que nos faz colocar-nos a questão — como é que uma ciência ainda é possível depois do que podemos dizer do inconsciente?

Anuncio logo a vocês que, por mais surpreendente que possa parecer, isso me conduzirá hoje a falar-lhes do cristianismo.

1

Começo por minhas fórmulas difíceis, ou que suponho dever serem tais — *o inconsciente, não é que o ser pense*, como o implica, no entanto, o que dele se diz na ciência tradicional — *o inconsciente, é que o ser, falando, goze e*, acrescento, *não queira saber de mais nada.* Acrescento que isto quer dizer — *não saber de coisa alguma.*

Para abater logo uma carta que poderia fazer vocês esperarem um pouco — *não há desejo de saber*, esse famoso *Wissentrieb* que Freud aponta em algum lugar.

Aí, Freud se contradiz. Tudo indica — aí está o sentido do inconsciente — não só que o homem já sabe tudo que tem que saber, mas que esse saber é perfeitamente limitado a esse gozo insuficiente que constitui que ele fale.

Vocês bem vêem que isto comporta uma questão sobre o que é dessa ciência efetiva que nós possuímos com o nome de física. No que é que essa nova ciência concerne ao real? O defeito da ciência que qualifico de tradicional por ser a que vem do pensamento de Aristóteles, seu defeito é de implicar que o pensado é feito à imagem do pensamento, quer dizer, que o ser pense.

Para tomar um exemplo que seja próximo de vocês, adiantarei que o que torna o que chamamos de *relações humanas* vivível não é o pensar nelas.

É nisto que, em suma, se fundou o que chamamos comicamente *behaviourism* — a conduta, a seu dizer, poderia ser observada de tal sorte que ela se esclareceria por seu fim. É nisto que se esperou fundar as ciências humanas, envelopar todo comportamento, não estando suposto nisto a intenção de nenhum sujeito. De uma finalidade colocada como constituindo objeto desse comportamento, nada mais fácil, esse objeto tendo sua própria regulação, do que imaginá-la no sistema nervoso.

O chato é que ele não faz nada mais do que injetar ali tudo que se elaborou filosoficamente, aristotelicamente, sobre a alma. Nada mudou. Isto é tangível pelo fato de que o *behaviourism* não se distinguiu, que eu saiba, por nenhuma reviravolta da ética, quer dizer, dos hábitos mentais, do hábito *fundamental.* O homem, sendo apenas um objeto, serve a um fim. Ele se funda — o que quer que se pense dela, ela está sempre lá — por sua causa final, a qual é viver, ocasionalmente, ou mais exatamente sobreviver, quer dizer, protelar a morte e dominar o rival.

É claro que o número de pensamentos implícitos numa tal concepção do mundo, *Weltanschauung* como se diz, é propriamente incalculável. É sempre da equivalência do pensamento e do pensado que se trata.

O que é mais certo do modo de pensar da ciência tradicional é o que se chama seu classicismo — ou seja, o reino aristotélico da classe, quer dizer, do gênero e da espécie, dito de outro modo, do indivíduo considerado como especificado. É a estética também que daí resulta, e a ética que daí se ordena. Essa ética, eu a qualificarei de maneira simples, muito simples, e que corre o risco de fazer vocês verem estrelas, é o caso de dizer, mas vocês estarão errados em verem depressa demais — *o pensamento está do lado do manche, e o pensado, do outro lado*, o que se lê pelo que o manche é a fala —, só ele explica e dá razão.

Nisto, o *behaviourism* não sai do clássico. É o *diz-manche* — o domingo da vida, como diz Queneau, não sem ao mesmo tempo revelar seu ser de embrutecimento.

Não é evidente na primeira abordagem. Mas o que tiro daí é que esse desmanche, esse *Domingo*, foi lido e aprovado por alguém que, na história do pensamento, sabia um pouco, Kojève é seu nome, que ali reconhecia nada menos que o saber absoluto tal como nos é prometido por Hegel.

2

Como alguém percebeu recentemente, eu me alinho — quem me alinha? Será que é ele ou será que sou eu? Finura da alíngua — eu me alinho mais do lado do barroco.

É um destaque emprestado da história da arte. Como a história da arte, assim como a história e assim como a arte, é questão não do manche, mas da mancha, quer dizer, de peloticagem, é preciso, antes de continuar, que eu diga o que entendo com isto — o sujeito *eu* não sendo mais ativo nesse *eu entendo* do que no *eu me alinho*.

E é o que vai me fazer mergulhar na história do cristianismo. Vocês não estavam esperando?

O barroco é, no começo, a historieta, a historinha do Cristo. Quero dizer, o que conta a história de um homem. Não se choquem, foi ele mesmo que se designou como o Filho do Homem. O que contam quatro textos ditos evangélicos, por serem não tanto boa-nova quanto bons anunciadores para sua sorte de nova. Pode-se entender também assim, e assim me parece mais apropriado. Esses aí escrevem de tal maneira que não há um só fato que não possa ser contestado — Deus sabe que naturalmente meteram os cornos no pano vermelho. Esses textos não vão, por isso, menos ao coração da verdade, a verdade como tal, mesma inclusive o fato de eu enunciar que não se pode dizê-la senão pela metade.

É uma simples indicação. Essa espantosa realização implicaria que eu tomasse os textos e lhes desse aulas sobre os Evangelhos. Vocês vêem aonde é que isto nos levaria.

Isto para lhes mostrar que eles não se aproximam bem de perto senão à luz das categorias que tentei destacar da prática analítica, nominalmente o Simbólico, o Imaginário e o Real.

Para ficarmos na primeira, enunciei que a verdade é a *diz-mansão*, a mansão do dito.

Neste gênero, os Evangelhos, não se pode dizer melhor. Não se pode dizer melhor da verdade. É daí que resulta que eles sejam evangelhos. Não se pode mesmo fazer funcionar melhor a dimensão da verdade, quer dizer, melhor enfiar a realidade na fantasia.

Antes de mais nada, o que veio em seguida demonstrou suficientemente — deixo os textos para me prender ao efeito — que essa diz-mansão se sustenta. Ela moldou o que chamam o mundo, restituindo-o à sua verdade de imundície. Ela constatou o que o romano, pedreiro como ninguém, havia fundado, com um equilíbrio milagroso, universal, com mais ainda banhos de gozo que lá simbolizam suficientemente essas famosas termas das quais nos restam pedaços desmoronados. Não podemos mais fazer a menor idéia do quanto, quando se trata de gozo, significava o pompom. O cristianismo rejeitou tudo isto à abjeção considerada como mundo. É assim que não é sem íntima afinidade com o problema do verdadeiro que o cristianismo subsiste.

Que ele seja a verdadeira religião, como pretende, não é uma pretensão excessiva, e isto tanto mais que ao examinar o verdadeiro de perto, é o que se pode dizer de pior.

Nesse registro do verdadeiro, quando se entra nele, não se sai mais. Para minorizar a verdade como ela merece, é preciso ter entrado no discurso analítico. O que o discurso analítico desloca põe a verdade no seu lugar, mas não a abala. Ela é reduzida, mas indispensável. Donde sua consolidação, contra a qual nada prevalecerá — salvo o que subsiste ainda das sabedorias, mas que não se defrontaram com ela, o taoísmo por exemplo, ou outras doutrinas de salvação, para o qual a questão não é a da verdade, mas da via, como indica o nome *Tao*, questão de via, e chegar a prolongar algo que se pareça com isso.

É verdade que a historieta do Cristo se apresenta não como o empreendimento de salvar os homens, mas como o de salvar a Deus. É preciso reconhecer que, para aquele que se encarregou desse empreendimento, o Cristo nominalmente, ele pagou o preço, é o menos que se pode dizer.

O resultado, temos mesmo que nos espantar de ele parecer satisfazer. Que Deus seja três indissoluvelmente, de qualquer modo, é de natureza a nos fazer prejulgar que a conta *um-dois-três* preexiste a ele. Das duas uma — ou Ele só se leva em conta só-depois da revelação cristina, e é seu ser que fica golpeado com isto — ou, se o três lhe é anterior, é sua unidade que fica atingida. Donde se torna concebível que a salvação de Deus seja precária, e entregue em suma à boa vontade dos cristãos.

O engraçado é, evidentemente — já lhes contei isto, mas vocês não ouviram —, que o ateísmo só seja sustentável pelos padres. Muito mais difícil entre os leigos, cuja inocência na matéria continua total. Lembrem-se desse pobre Voltaire. Era um tipo malicioso, ágil, astucioso, extraordinariamente saltitante, mas inteiramente digno de entrar no porta-luvas aí em frente, o Pantheon.

Freud felizmente nos deu uma interpretação necessária — que não pára de se escrever, como defini o necessário — do assassínio do filho, como fundador da religião da graça. Ele não disse exatamente assim, mas marcou bem que esse assassínio era um modo de denegação que constitui uma forma possível da confissão da verdade.

É assim que Freud salva de novo o Pai. No que ele emula Jesus-cristo. Modestamente, sem dúvida. Ele não se põe inteiramente nisto. Mas contribui com sua partezinha, como o que ele é, isto é, um bom judeu não inteiramente por dentro.

É excessivamente divulgado. É preciso reagrupá-los para que eles retomem as rédeas. Quanto tempo será que isso vai durar?

Mesmo assim, existe algo que eu gostaria de aproximar, concernente à essência do cristianismo. Vocês vão hoje manejar isto.

Para isto, é preciso que eu retorne de mais acima.

3

À alma — é preciso ler Aristóteles — é evidentemente no que chega o pensamento do manche.

É tanto mais necessário — quer dizer, não parando de se escrever — que o que ele elabora sobre isto, o pensamento em questão, são pensamentos sobre o corpo.

O corpo, ele deveria deslumbrá-los mais. De fato, é mesmo o que deslumbra a ciência clássica — como é que ele pode funcionar assim? Um corpo, o de vocês, não importa que outro aliás, corpo que se movimenta pra lá e pra cá, é preciso que ele se baste. Alguma coisa me fez pensar nisto, um sindromezinho que vi sair da minha ignorância, e que me foi lembrado — se por acaso as lágrimas parassem de correr, o olho não funcionaria mais muito bem. É o que chamo de milagres do corpo. Isto logo se sente. Suponham que ela não chore mais, que ela não sore mais, a glândula lacrimal — vocês terão aporrinhações.

E por outro lado, é um fato que ela choraminga, e por que diabo? — uma vez que, corporalmente, imaginariamente ou simbolicamente, alguém pisa o pé de vocês. Chamam a isto *afetá-los*. Que relação haverá entre esse choramingo e o fato de aparar o imprevisto, quer dizer, barrar-se? É uma fórmula vulgar, mas que diz bem o que quer dizer, porque se reúne exatamente ao sujeito barrado, com o qual vocês ouviram aqui alguma consonância. O sujeito se barra, com efeito, eu disse, e mais freqüentemente do que devia.

Constatem aí apenas que há toda vantagem em unificar a expressão para o simbólico, o imaginário e o real, como — eu lhes digo entre parênteses — o fazia Aristóteles, que não distinguia o movimento da αλλοίωσις. A mudança e a moção no espaço eram, para ele — mas ele não sabia —, que o sujeito se barra. Evidentemente, ele não possuía as verdadeiras categorias, mas mesmo assim sentia bem as coisas.

Em outros termos, o importante é que tudo isso cola bastante para que o corpo subsista, salvo acidente, como se diz, externo ou interno. O que quer dizer que o corpo é tomado pelo que representa ser, um corpo fechado.

Quem não vê que a alma não é outra coisa senão a identidade suposta a esse corpo, com tudo o que se pensa para explicá-lo? Em suma, a alma é a que se pensa a propósito do corpo — do lado do manche.

E a gente se tranqüiliza com pensar que ele pensa igual. Donde a diversidade das explicações. Quando se supõe que ele pensa secreto, ele tem secreções — quando se supõe que ele pensa concreto, ele tem concreções — quando se supõe que ele pensa informação, ele tem hormônios. E depois ainda ele se adona pelo ADN, pelo Adônis.

Tudo isto para levá-los ao seguinte, que de algum modo anunciei de saída sobre o sujeito do inconsciente — porque não falo unicamente por falar, como se flauteia —, é verdadeiramente curioso que não seja posto em causa na psicologia que a estrutura do pensamento repouse na linguagem. A dita linguagem — aí está toda a novidade desse termo *estrutura*, os outros fazem dele o que querem, mas eu, o que faço notar é isto — a dita linguagem comporta uma inércia considerável, o que se vê ao se comparar seu funcionamento com os signos que chamamos de matemáticos, maternas, unicamente pelo fato de eles se transmitirem integralmente. Não se sabe absolutamente o que eles querem dizer, mas eles se transmitem. Nem por isso deixa de acontecer que eles só se transmitem com o auxílio da linguagem, e é o que constitui toda a claudicação do negócio.

Que haja algo que funda o ser, certamente que é o corpo. Sobre isto, Aristóteles não se enganou. Corpos, ele destrinçou muitos, um por um, vejam a história dos animais. Mas ele não chega, leiam-no bem, a fazer junção disto com sua afirmação — naturalmente vocês jamais leram *De Anima*, apesar das minhas súplicas — de que o homem pensa *com* — instrumento — sua alma, quer dizer, como lhes disse há pouco, os mecanismos supostos que suportam seu corpo.

Naturalmente, prestem atenção. Somos nós que nos apegamos aos mecanismos, por causa da nossa física — que já é, aliás, uma física que está indo para a garagem, porque, depois da física quântica, para os mecanismos, isto cai fora. Aristóteles não entrou nos desfiles do mecanismo. Então, *o homem pensa com a sua alma*, isto quer dizer que o homem pensa com o pensamento de Aristóteles. Com o que o pensamento está naturalmente do lado do manche.

É evidente que, mesmo assim, tentou-se fazer melhor. Há ainda outra coisa antes da física quântica — o energetismo e a idéia de homeostase. O que chamei de inércia na função da linguagem faz com que qualquer fala seja uma energia ainda não tomada numa energética, porque essa energética não é ainda cômoda de medir. A energética é fazer sair, da energia, não quantidades, mas cifras escolhidas de maneira completamente arbitrária, com as quais se arranja com que reste sempre em algum lugar uma constante. Para a inércia em questão, somos forçados a tomá-la no nível da própria linguagem.

Que relação poderá haver entre a articulação que constitui a linguagem e um gozo que se revela ser a substância do pensamento, desse pensamento tão facilmente refletido no mundo pela ciência tradicional? Esse gozo é o que faz com que Deus seja o ser supremo e que esse ser supremo não possa, Aristóteles *dixit*, ser outra coisa senão o lugar de onde se sabe qual é o bem de todos os outros. Isto não tem grande relação, não é?, com o pensamento, se o consideramos dominado antes de mais nada pela inércia da linguagem.

Não é muito espantoso que não se tenha sabido como cercar, agarrar, fazer chiar o gozo, servindo-se do que parece melhor para suportar a inércia da linguagem, a saber, a idéia de cadeia, de pedaços de barbante, dito de outro modo, de pedaços de barbante que fazem rodinhas e que, não se sabe bem como, se pegam uns com os outros.

Já adiantei uma vez, diante de vocês, esta noção, e tentarei fazer melhor. Foi então o ano passado — eu mesmo me espanto, à medida que avanço em idade, de as coisas do ano anterior me parecerem ter cem anos — que tomei por tema a fórmula que acreditei poder suportar com o nó borromeano — *eu lhe peço que você recuse o que lhe ofereço porque não é isso.*

É uma fórmula cuidadosamente adaptada a seu efeito, como todas as que profiro. Vejam *l'Etourdit*. Eu não disse *o dizer fica esquecido* etc., eu disse: *que se diga*. Do mesmo modo, aqui, eu não disse *porque é apenas isso*.

Não é isso — aí está o grito por onde se distingue o gozo obtido do gozo esperado. É onde se especifica o que se pode dizer na linguagem. A negação tem toda aparência de vir daí. Nada mais, porém.

A estrutura, para se engatar nisso, não demonstra nada, senão que ela é do mesmo texto que o gozo, na medida em que ao se marcar de que distância ele falta, aquele de que se trataria se *fosse isso*, ele não somente supõe aquele que seria isso, ele suporta supor, com isto, um outro.

Aí está. Essa diz-mansão — eu me repito, mas estamos num domínio em que justamente a lei é a repetição — essa diz-mansão é o dito de Freud.

É mesmo a prova da existência de Freud — dentro de um certo número de anos será preciso uma. Ainda há pouco eu o aproximei de um companheirinho, o Cristo. A prova da existência de Cristo, ela é evidente, é o cristianismo. O cristianismo, de fato, se pendurou nisso. Enfim, por enquanto, temos os *Três ensaios sobre a sexualidade*, aos quais lhes rogo que se reportem, porque terei novamente de usá-los sobre o que chamo de *deriva* para traduzir *Trieb*, a deriva do gozo.

Tudo isto, eu insisto, é propriamente o que foi debilitado durante toda a antigüidade filosófica pela idéia de conhecimento.

Graças a Deus, Aristóteles era bastante inteligente para isolar no intelecto-agente o de que se trata na função simbólica. Ele simplesmente viu que, o simbólico, era ali que o intelecto devia agir. Mas ele não era bastante inteligente — não o bastante porque não gozando da revelação cristã — para pensar que uma fala, ainda que fosse a sua, ao designar esse νοῦς que só se baseia na linguagem, concerne ao gozo — o qual, entretanto, se designa em Aristóteles metaforicamente por toda parte.

Toda essa história da matéria e da forma, o que é que isto sugere como velha história concernente à copulação! Isto lhe teria permitido ver que não se trata disso de modo algum, que o mínimo conhecimento não há, mas que os gozos que suportam sua aparência são algo como o espectro da luz branca. Com a única condição de que se veja que o gozo de que se trata está fora do campo, desse espectro.

Trata-se de metáfora. Para o que é do gozo, é preciso colocar a falsa finalidade como respondendo ao que é apenas pura falácia de um gozo que seria adequado à relação sexual. A este título, todos os gozos não são mais do que rivais da finalidade que haveria se o gozo tivesse a mínima relação com a relação sexual.

4

Vou deixar correr um pouco de lava sobre Cristo, porque é um personagem importante e porque isto vem para comentar o barroco. Não é à toa que dizem que meu discurso participa do barroco.

Vou lhes colocar uma questão — que importância pode haver, na doutrina cristã, o fato de Cristo ter uma alma? Essa doutrina não fala senão da encarnação de Deus num corpo, e supõe mesmo que a paixão sofrida por essa pessoa tenha constituído o gozo de uma outra. Mas não há nada que falte ali, notadamente nenhuma alma.

Cristo, mesmo ressuscitado, vale por seu corpo, e seu corpo é o turgimão pelo qual a comunicação com sua presença é incorporação — pulsão oral — com a qual a esposa de Cristo, Igreja como a chamam, se contenta muito bem, não tendo nada a esperar de uma cópula.

De tudo que se desenrolou dos efeitos do cristianismo, principalmente na arte — é nisto que encontro o barroquismo com o qual aceito ser vestido —, tudo é exibição de corpo evocando o gozo — creiam no testemunho de alguém que retorna de uma orgia de igrejas na Itália. Quase chegando à cópula. Se ela não se apresenta, não é para inglês ver. Ela está tão por fora quanto na realidade humana, a qual entretanto ela sustenta com as fantasias de que é constituída.

Em parte alguma, em nenhuma área cultural, essa exclusão se confessou de maneira tão nua. Eu diria mais — não creiam que, meus dizeres, eu não os doso para vocês —, eu chegaria mesmo a lhes dizer que, em parte alguma como no cristianismo, a obra de arte como tal se verifica de maneira mais patente como aquilo que ela é desde sempre e por toda parte: obscenidade.

A diz-mansão da obscenidade, aí está por onde o cristianismo reaviva a religião dos homens. Não vou lhes dar uma definição de religião, porque não há história da religião, assim como não há história da arte. *As* religiões são como *as* artes, uma lata de lixo, pois não têm a menor homogeneidade.

Mesmo assim há algo nesses utensílios que se fabricam para quem faça proveito. O de que se trata é, para esses seres que por natureza falam, a urgência que faz com que eles vão ao deduzido amoroso por modos excluídos do que eu poderia chamar — se fosse concebível, no sentido que dei há pouco à palavra *alma*, isto é, o que faz com que isso funcione — a alma da cópula. Ouso suportar com este termo o que, a forçá-los efetivamente se isso fosse a alma da cópula, seria elaborável pelo que chamo de física, que na ocasião não é senão isto — um pensamento suposto ao pensar.

Aí há um furo, e esse furo se chama o Outro. Pelo menos foi assim que acreditei poder denominá-lo, o Outro enquanto lugar onde a fala, por ser deposta — vocês prestarão atenção nas ressonâncias — funda a verdade e, com ela, o pacto que supre a inexistência da relação sexual, enquanto ela seria pensada, pensada pensável, dito de outro modo, e que o discurso não seria reduzido a só poder — se vocês se lembram do título de um dos meus seminários — partir da aparência.

Que o pensamento só aja, no sentido de uma ciência, ao ser suposto ao pensar, quer dizer, que o ser seja suposto pensar, é o que funda a tradição filosófica a partir de Parmênides. Parmênides estava errado e Heráclito tinha razão. É mesmo o que se assina ao que, no fragmento 93, Heráclito enuncia — οὔτε λέγει οὔτε κρύπτει ἀλλὰ σημαίνει, *ele não revela nem esconde, ele significa*, remetendo ao seu lugar o próprio discurso do manche — ὁ ἄναξ οὗ τὸ μαντεϊόν ἐστλ τὸ ἐν Δελφοῖς, o *príncipe*, o manche, *que vaticina em Delfos.*

Vocês conhecem a história maluca, que constitui para mim o delírio da minha admiração? Eu fico embasbacado quando leio são Tomás. Porque é danado de bem-feito. O porquê de a filosofia de Aristóteles ter sido por são Tomás reinjetada no que se poderia chamar de consciência cristã, se isto tivesse algum sentido, é algo que só se pode explicar porque — enfim, é como os psicanalistas — os cristãos têm horror do que lhes foi revelado. E eles têm mesmo razão.

Essa hiância inscrita no estatuto mesmo do gozo enquanto diz-mansão do corpo, no ser falante, aí está o que torna a brotar com Freud por esse teste — não preciso dizer mais nada — que é a existência da fala. Onde isso fala, isso goza. E isto não quer dizer que isso saiba de coisa alguma, porque, mesmo assim, até nova ordem, o inconsciente nada nos revelou sobre a fisiologia do sistema nervoso, nem sobre o funcionamento da ereção, nem sobre a ejaculação precoce.

Para terminar com essa história da religião verdadeira, apontarei, enquanto é tempo, que Deus só se manifesta por escrituras que são ditas santas. Elas são santas no quê? No que não cessam de repetir o fracasso — leiam Salomão, é o mestre dos mestres, é o *metro* dos mestres, um tipo do meu gênero —, o fracasso das tentativas de uma sabedoria de que o ser seria o testemunho.

Tudo isto não quer dizer que não tenha havido truques de tempos em tempos, graças aos quais, o gozo — sem ele não poderia haver sabedoria nisso — pôde crer-se vindo a esse fim de satisfazer o pensamento do ser. Só que — jamais esse fim foi satisfeito senão ao preço de uma castração.

No taoísmo, por exemplo — vocês não sabem o que é isto, muito poucos sabem, mas eu, eu o pratiquei, pratiquei os textos é claro —, o exemplo é patente na prática mesma do sexo. É preciso reter a esporra, para ficar bem. O budismo, este é o exemplo trivial por sua renúncia ao próprio pensamento. O que há de melhor no budismo é o Zen, e o Zen consiste nisto: em te responder com um mugido, meu amiguinho. É o que há de melhor quando se quer naturalmente sair desse negócio infernal, como dizia Freud.

A fabulação antiga, a mitologia, como vocês chamam — Claude Lévi-Strauss também chama assim — da área mediterrânea — que é justamente aquela que não tocamos, porque é a mais evanescente, e sobretudo porque dela se faz um tal mexido que já não se sabe por onde começar —, a mitologia, também ela chegou a alguma coisa no gênero da psicanálise.

Os deuses, havia um monte deles, bastava encontrar o bom, e isto constituía esse truque contingente que faz com que, às vezes, após uma análise, cheguemos a que cada um trepe convenientemente sua *cada uma*. Mesmo assim eles eram deuses, quer dizer, representações um pouco consistentes do Outro. Deixemos pra lá as fraquezas da operação analítica.

Coisa muito singular, isto é tão perfeitamente compatível com a crença cristã que desse politeísmo vimos o renascimento, na época rotulado com o mesmo nome.

Eu lhes digo tudo isto porque justamente estou retornando de museus e que, em suma, a contra-reforma, era retornar às fontes, e o barroco, sua aplicação.

O barroco é a regulação da alma pela escopia corporal.

Seria preciso, alguma vez — não sei se jamais terei tempo —, falar da música, nas margens. Falo somente por ora do que se vê em todas as igrejas da Europa, tudo que está pregado nas paredes, tudo que desaba, tudo que é delícia, tudo que delira. O que chamei ainda há pouco de obscenidade — mas exaltada.

Eu me pergunto: para alguém que vem dos cafundós da China, que efeito isso deve ter para ele, esse cascatear de representações de mártires? Eu diria que isso se reverte. Essas representações são, elas próprias, mártires — vocês sabem que *mártir* quer dizer testemunha — de um sofrimento mais ou menos puro. Era essa a nossa pintura, até que se fez um vazio, começando-se seriamente a se ocupar de quadradinhos.

Aí há uma redução da espécie humana — este nome, *humano*, ressoa como *humor insano*, com um resto infeliz de *inamor*. Essa redução é o termo pelo qual a Igreja pretende levar a espécie, justamente, até o fim dos tempos. E ela está tão fundada na hiância própria à sexualidade do ser falante, que corre o risco de estar pelo menos tão fundamentada, digamos — porque não quero desesperar de nada —, quanto o futuro da ciência.

O *futuro da ciência*, é o título que deu a um de seus volumes esse outro cureta que se chamava Ernest Renan, e que era um servidor da verdade, ele também, até o fundo. Ele só exigia uma coisa — mas era absolutamente primeiro, sem o que seria o pânico — que ela não tivesse nenhuma conseqüência.

A economia do gozo, taí o que ainda não está perto da ponta dos nossos dedos. Haveria um pequeno interesse em que chegássemos lá. O que podemos ver sobre isto, a partir do discurso analítico, é que, talvez, tenhamos uma chancezinha de encontrar alguma coisa a respeito por vias essencialmente contingentes.

Se meu discurso de hoje não fosse algo de absolutamente, de inteiramente negativo, eu tremeria por ter entrado no discurso filosófico. Mesmo assim, uma vez que já vimos algumas sabedorias que duraram um pouquinho de tempo, por que não reencontraríamos, com o discurso analítico, algo que daria a perceber um truque preciso? Além do mais, o que é a energética senão também um truque matemático? O truque analítico não será matemático. É mesmo por isso que o discurso da análise se distingue do discurso científico.

Enfim, essa chance, ponhamo-la sob o signo dos pequenos acasos — *mais, ainda*.

8 de maio de 1973

X

Rodinhas de Barbante

Esta noite sonhei que, quando eu vinha aqui, não havia ninguém.

É no que se confirma o caráter de voto do sonho. Apesar de que eu estava extenuado, de que isso não deve servir para nada, pois eu me lembrava também em meu sonho que eu havia trabalhado até às quatro horas e meia da manhã, era mesmo assim a satisfação de um voto, qual seja, o de que, então, eu não tinha que fazer mais nada.

1

Eu vou dizer — é minha função — vou dizer mais uma vez — porque eu me repito — o que é um dizer meu e que se enuncia: *não há metalinguagem*.

Quando digo isto, isto quer dizer, aparentemente — não há linguagem do ser. Mas haverá o ser? Como fiz notar da última vez, o que digo é que não há. O ser é, como se diz, e o não-ser não é. Há ou não há. Esse ser, não se faz senão supô-lo a algumas palavras — indivíduo, por exemplo, ou substância. Para mim, é apenas um fato de dito.

A palavra *sujeito*, que eu emprego, toma então um acento diferente.

Eu me distingo da linguagem do ser. Isto implica que aí pudesse haver ficção de palavra — quero dizer, a partir da palavra. E como talvez alguns se recordam, foi daí que parti quando falei da ética.

Não é porque escrevi coisas que tomam função de formas da linguagem que tenho que garantir o ser da metalinguagem. Pois, esse ser, seria preciso que eu o apresentasse como subsistindo por si, só por si mesmo, como a linguagem do ser.

A formalização matemática é nosso fim, nosso ideal. Por quê? Porque só ela é materna, quer dizer, capaz de transmitir integralmente. A formalização matemática é a escrita, mas que só subsiste se eu emprego, para apresentá-la, a língua que uso. Aí é que está a objeção — nenhuma formalização da língua é transmissível sem uso da própria língua. É por meu dizer que essa formalização, ideal metalinguagem, eu a faço ex-sistir. É assim que o simbólico não se confunde, longe disso, com o ser, mas ele subsiste como ex-sistência do dizer. É o que sublinhei, no texto dito *l'Étourdit*, o *Aturdito*, ao dizer que o simbólico só suporta a ex-sistência.

No quê? É uma das coisas essenciais que eu disse da última vez — a análise se distingue, entre tudo que foi produzido até agora de discurso, por enunciar isto, que constitui o osso do meu ensino: que eu falo sem saber. Falo com o meu corpo, e isto, sem saber. Digo, portanto, sempre mais do que sei.

É aí que chego ao sentido da palavra *sujeito* no discurso analítico. O que fala sem saber me faz *eu*, sujeito do verbo. Isto não basta para me fazer ser. Isto não tem nada a ver com o que sou forçado a pôr dentro do ser — suficiente saber para se agüentar, mas nem uma gota a mais.

É o que, até agora, chamou-se de forma. Em Platão, a forma é esse saber que preenche o ser. A forma não sabe mais do que ela diz. Ela é real, no sentido em que mantém o ser na sua taça, mas cheia até a boca. Ela é o saber do ser. O discurso do ser supõe que o ser seja, e é o que o mantém.

Há relação de ser que não se pode saber. É dele então, em meu ensino, que interrogo a estrutura, no que esse saber — acabei de dizer isto — impossível é, por isso, proibido. É aqui que jogo com o equívoco — esse saber impossível é censurado, proibido, mas não o é se vocês escreverem convenientemente o *inter-dito*, ele é dito entre palavras, entre linhas. Trata-se de denunciar a que sorte de real ele nos permite acesso.

Trata-se de mostrar aonde vai sua enformação, dessa metalinguagem que não há e que faço ex-sistir. Sobre o que não pode ser demonstrado, algo entretanto pode ser dito de verdadeiro. É assim que se abre essa espécie de verdade, a única que nos é acessível, e que recai, por exemplo, sobre o não-saber-fazer.

Não sei por onde pegar, por que não dizer, a verdade — tanto quanto a mulher. Eu disse que uma e outra, ao menos para o homem, são a mesma coisa. Constituem o mesmo embaraço. Acontece esse acidente de eu ter gosto tanto por uma quanto por outra, apesar do que dizem.

Essa discordância do saber e do ser, é isto que constitui nosso tema. O que não impede que também possamos dizer que ela não há, a discordância, quanto ao que conduz o jogo, segundo meu título deste ano, *mais, ainda*. É a incompetência do saber ao qual ainda estamos presos. E é por aí que esse jogo, de *mais, ainda*, se conduz — não que por sabermos mais ele nos conduziria melhor, mas talvez houvesse melhor gozo, acordo do gozo com o seu fim.

Ora, o fim do gozo — é o que nos ensina tudo que Freud articula sobre o que ele chama inconsideradamente pulsões parciais — o fim do gozo é lateral àquilo a que ele chega, isto é, que nós nos reproduzimos.

Eu, não é um ser, é um suposto a quem fala. Quem fala só tem a ver com a solidão, no que diz respeito à relação que só posso definir dizendo, como fiz, que ela não se pode escrever. Essa solidão, ela, de ruptura do saber, não somente ela se pode escrever, mas ela é mesmo o que se escreve por excelência, pois ela é o que, de uma ruptura do ser, deixa traço.

É o que eu disse num texto, certamente que não sem imperfeições, que chamei *Lituraterra*. *A nuvem da linguagem* — exprimi-me metaforicamente — *faz escrita*. Quem sabe se o fato de podermos ler esses riachos que eu olhava sobre a Sibéria, como traço metafórico da escrita, não está ligado — e notem que o *ligado* inclui o *lido* — a algo que vai além do efeito de chuva, o qual não há nenhuma chance de que o animal o leia como tal? É mais de estar ligado a essa forma de idealismo que eu gostaria de meter na cabeça de vocês — não certamente aquele que professa Berkeley, ao viver num tempo em que o sujeito havia tomado sua independência, não aquele que sustenta que tudo que conhecemos é representação, porém, mais, esse idealismo que ressalta do impossível de inscrever a relação sexual entre dois corpos de sexo diferente.

É por aí que se faz a abertura pela qual é o mundo que vem a ser nosso parceiro. É o corpo falante, no que ele só pode chegar a se reproduzir graças a um mal-entendido do seu gozo. O que é dizer que ele só se reproduz graças a uma rata do que ele quer dizer, pois o que ele quer dizer — isto é, como bem diz alíngua, seu sem-tido — é seu gozo efetivo. E é ao rateá-lo que ele se reproduz — quer dizer, ao trepar.

É justamente isso que ele não quer fazer, no fim das contas. A prova é que, quando o deixamos sozinho, ele sublima o tempo todo, aos montes, ele vê a Beleza, o Bem — sem contar o Verdadeiro, e é ainda aí, como acabo de lhes dizer, que ele está mais perto do que interessa. Mas o que é verdadeiro é que o parceiro do outro sexo resta sendo, o Outro. É então rateando seu gozo que ele consegue ser ainda mais reproduzido, sem nada saber do que o reproduz. E notadamente — isto é em Freud perfeitamente sensível, é claro que não passa de algaravia, mas não podemos fazer melhor — ele não sabe se o que o reproduz é a vida ou a morte.

Preciso entretanto dizer o que há de metalinguagem, e no que ela se confunde com o traço deixado pela linguagem. Pois é por aí que o sujeito retorna à revelação do correlato da língua, que é esse saber a mais do ser e, por ele, sua chancezinha de ir ao Outro, ao seu ser, do qual fiz notar da última vez — é o segundo ponto essencial — que ele não quer saber de nada. Paixão da ignorância.

É mesmo por isso que as duas outras paixões são as que se chamam amor — que nada tem a ver, contrariamente ao que a filosofia elucubrou, com o saber — e o ódio, que é mesmo o que mais se aproxima do ser, que eu chamo de ex-sistir. Nada concentra mais ódio do que esse dizer onde se situa a ex-sistência.

A escrita, então, é um traço onde se lê um efeito de linguagem. É o que se passa quando vocês garatujam alguma coisa.

Eu também certamente não me privo dela, pois é com ela que preparo o que tenho a dizer. É notável que seja preciso, da escrita, garantir-se. No entanto, ela não é a metalinguagem, embora possamos fazê-la preencher uma função parecida. Este efeito não é, por isso, menos segundo, em vista do Outro, onde a linguagem se inscreve como verdade. Pois nada do que eu pudesse, no quadro, lhes escrever das fórmulas gerais que ligam, no ponto em que estamos, a energia à matéria, por exemplo, as últimas fórmulas de Einstein, nada disso se mantém se não o sustento com um dizer que é o da linguagem e com uma prática que é a das pessoas que dão ordens em nome de um certo saber.

Eu retomo. Quando vocês garatujam, e eu também, é sempre sobre uma página e é com linhas, e eis-nos mergulhados imediatamente nesse negócio das dimensões.

2

O que corta uma linha é o ponto. Como o ponto tem zero dimensão, a linha será definida como tendo uma. Como o que a linha corta é uma superfície, a superfície será definida como tendo duas. Como o que a superfície corta é o espaço, o espaço terá três.

É aí que ganha valor o pequeno signo que escrevi no quadro.

Isto tem todas as características de uma escrita, poderia ser uma letra. Só que, como vocês escrevem cursivamente, não lhes vem à idéia de parar a linha antes de ela encontrar uma outra, para fazê-la passar por baixo, ou melhor, para supô-la passar por baixo, porque, na escrita, trata-se de coisa completamente diferente do espaço a três dimensões.

Nesta figura, quando uma linha é cortada por outra, isto quer dizer que ela passa por baixo. O que se produz aqui, só que há apenas uma linha. Mas, embora haja só uma, isto se distingue de uma simples rodinha, pois esta escrita representa para vocês a planificação de um nó. Assim, esta linha, esse barbante, é coisa bem diferente da linha que definimos há pouco com vistas ao espaço como um corte, e que faz um furo, quer dizer, separa um interior e um exterior.

Esta nova linha não se encarna tão facilmente no espaço. A prova disto é que o barbante ideal, o mais simples, ele faria um toro. E levou-se muito tempo para perceber, graças à topologia, que o que se fecha num toro não tem absolutamente nada a ver com o que se fecha numa bolha.

O que quer que vocês façam com a superfície de um toro, vocês não farão um nó. Mas, por outro lado, com o lugar do toro, como isto lhes demonstra, vocês podem fazer um nó. E nisto, permitam-me dizê-lo, o toro é a razão, pois é o que permite o nó.

É mesmo nisto que o que lhes mostro agora, que é um toro enroscado, é a imagem, tão seca quanto posso dá-la a vocês, do que evoquei outro dia como a trindade, uma e três num só jato.

Nem por isso deixa de acontecer que é ao fazer disso três toros, pelo truquezinho que já lhes mostrei com o nome de nó borromeano, que vamos poder operar sobre o primeiro nó. Naturalmente, há quem não estivesse aí quando falei, ano passado, aí por fevereiro, do nó borromeano. Vamos tratar hoje de fazer vocês sentirem a importância desse troço, e o que ele tem a ver com a escrita, no que eu a defini como aquilo que deixa de traço a linguagem.

Com o nó borromeano, estamos lidando com o que não se vê em parte alguma, a saber, uma verdadeira rodinha de barbante. Figurem que, quando se traça uma rodinha, não se chega jamais a fazer com que sua trama ajunte suas duas pontas. Para que vocês tenham uma rodinha de barbante, será preciso que vocês façam um nó, um nó de marinheiro, de preferência. Façamos com nosso barbante um nó de marinheiro.

Taí. Graças ao nó de marinheiro, temos aí, vocês estão vendo, uma rodinha de barbante. Vamos fazer duas outras. O problema então colocado pelo nó borromeano é este: como fazer, quando vocês já fizeram suas rodinhas de barbante, para que essas três rodinhas de barbante fiquem juntas de tal modo que, se vocês cortarem uma delas, todas as três estejam livres?

Três ainda não é nada. Pois o verdadeiro problema, o problema geral, é fazer com que, com um número qualquer de rodinhas de barbante, quando vocês cortarem uma delas, todas as outras, sem exceção, estejam livres, independentes.

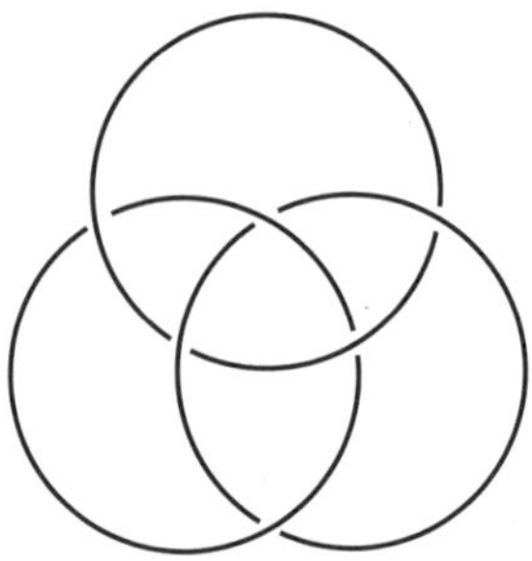

Aqui está o nó borromeano — ano passado, já o coloquei no quadro-negro. É fácil vocês verem que duas rodinhas de barbante não são amarradas uma na outra, e que é unicamente pela terceira que elas se prendem.

Prestem bem atenção aqui — não fiquem cativados por esta imagem. Vou lhes mostrar um outro meio de resolver o problema.

Taí uma rodinha de barbante. Taí uma outra. Vocês passam a segunda rodinha pela primeira e vocês a dobram.

Basta então, que, numa terceira rodinha, vocês prendam a segunda, para que as três estejam amarradas — amarradas de tal sorte que só basta vocês seccionarem uma para que as duas outras estejam livres.

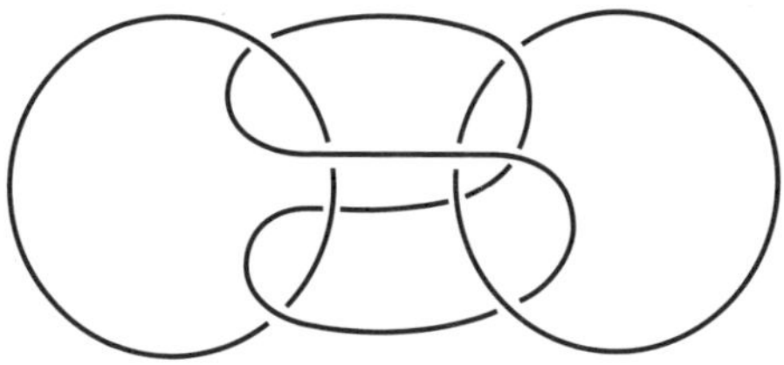

Depois da primeira dobra, vocês poderiam, com a terceira rodinha, fazer nova dobra e prendê-la numa quarta. Com quatro, assim como com três, basta cortar um dos elos para que todos os outros estejam livres. Vocês podem colocar um número absolutamente infinito, isto será sempre verdadeiro. A solução é portanto absolutamente geral, e a fileira tão longa quanto vocês quiserem.

Nesta cadeia, qualquer que seja seu comprimento, um primeiro e um último se distinguem dos outros elos — enquanto que as rodinhas medianas, dobradas, têm todas, como vocês vêem na figura abaixo, a forma de uma orelha, as extremas sendo rodinhas simples.

Nada nos impede de confundir a primeira com a última se dobrarmos uma e a tomarmos na outra. Aí então a cadeia se fecha.

A absorção num dos dois extremos deixa entretanto uma marca — na cadeia dos medianos, os fios se enfrentam dois a dois, ao passo que, onde ela se fecha sobre a rodinha simples, agora única, quatro fios estão, de cada lado, enfrentando um só fio, o do círculo.

Essa marca pode certamente ser apagada — vocês obterão então uma cadeia homogênea de rodinhas dobradas.

3

Por que foi que fiz intervir, em tempo antigo, o nó borromeano? Era para traduzir a fórmula *eu te peço* — o quê? — *que recuses* — o quê? — *o que te ofereço* — por quê? — *porque não é isso* — *isso*, vocês sabem o que é, é o objeto *a*. O objeto *a* não é nenhum ser. O objeto *a* é aquilo que supõe de vazio um pedido, o qual, só situando-o pela metonímia, quer dizer, pela pura continuidade garantida do começo ao fim da frase, podemos imaginar o que pode ser de um desejo que nenhum ser suporta. Um desejo sem outra substância que não a que se garante pelos próprios nós.

Enunciando esta frase, *eu te peço que recuses o que te ofereço*, só pude motivá-la com esse *não é isso* que retomei da última vez.

Não é isso quer dizer que, no desejo de todo pedido, não há senão a requerência do objeto *a*, do objeto que viria satisfazer o gozo — o qual seria então a *Lustbefriedigung* suposta no que se chama, impropriamente, no discurso psicanalítico, a pulsão genital, aquela onde se inscreveria uma relação que seria a relação plena, inscritível, de um, com o que resta irredutivelmente Outro. Eu insisti nisto, que o parceiro desse *eu* que é o sujeito, sujeito de qualquer frase de pedido é, não o Outro, mas o que vem se substituir a ele na forma da causa do desejo — que eu diversifiquei em quatro, no que ela se constitui diversamente, segundo a descoberta freudiana, em objeto da sucção, objeto da excreção, o olhar e a voz. É enquanto substitutos do Outro que esses objetos são reclamados e se fazem causa do desejo.

Parece que o sujeito representa para si os objetos inanimados em função de não haver relação sexual. Há apenas corpos falantes, eu disse, que fazem para si uma idéia do mundo como tal. O mundo, o mundo do ser cheio de saber, é apenas um sonho, um sonho do corpo enquanto falante, pois não existe sujeito conhecedor. Há sujeitos que se dão correlatos no objeto *a*, correlatos de fala que goza enquanto gozo de fala. Que outra coisa ela amarra senão outros Uns?

Fiz vocês notarem há pouco que a bilobulação, a transformação, por dobramento, da rodinha de barbante em duas orelhas, pode se fazer de maneira estritamente simétrica. É mesmo o que se passa uma vez que se chegue ao nível de quatro. Muito bem! Do mesmo modo, a reciprocidade entre o sujeito e o objeto *a* é total.

Para todo ser falante, a causa do desejo é estritamente, quanto à estrutura, equivalente, se posso dizer, à sua dobradura, quer dizer, ao que chamei sua divisão de sujeito. É o que nos explica que, por tanto tempo, o sujeito tenha podido crer que o mundo sabia tanto quanto ele. O mundo é simétrico ao sujeito, o mundo disso que chamei da última vez de pensamento é o equivalente, a imagem em espelho, do pensado. É mesmo por isso que nada houve senão fantasia quanto ao conhecimento, até o advento da ciência mais moderna.

Esse funcionamento em espelho é mesmo o que permitiu essa escala dos seres que supunha num ser, dito ser supremo, o bem de todos. O que é bem o equivalente do seguinte: que o objeto *a* pode ser dito, como indica seu nome, *a*-sexuado. O Outro só se apresenta para o sujeito numa forma *a*-sexuada. Tudo que foi suporte, suporte-substituto, substituto do Outro na forma do objeto do desejo, é *a*-sexuado.

É nisto que o Outro, como tal, resta — não sem que possamos avançar um pouco mais — resta, na teoria freudiana, um problema, aquele que é expresso na questão que repetia Freud — *O que quer a mulher?* —, a mulher sendo, no caso, o equivalente da verdade. É no que essa equivalência que produzi é justificada.

Será que isto esclarece vocês sobre o interesse que há em se partir da rodinha de barbante? A dita rodinha é certamente a mais eminente representação do Um, no sentido em que ela encerra apenas um furo. Aliás, é nisto que uma verdadeira rodinha de barbante é muito difícil de fabricar. A rodinha de barbante que uso é mesmo mítica, pois não se pode fabricar uma rodinha de barbante fechada.

Mas, ainda, o que fazer desse nó borromeano? Eu lhes respondo que ele pode nos servir para representar para nós essa metáfora tão divulgada para exprimir o que distingue o uso da linguagem — a cadeia, precisamente.

Notemos que, contrariamente às rodinhas de barbante, elementos de cadeia, isto se forja. Não é muito difícil imaginar como — torce-se o metal até o momento em que se consegue soldá-lo. Sem dúvida que não é um suporte simples, pois, para que ele possa representar adequadamente o uso da linguagem, seria preciso fazer, nessa cadeia, elos que iriam engatar-se a um outro elo um pouco mais distante, com dois ou três elos flutuantes intermediários. Seria preciso também compreender por que uma frase tem duração limitada. Isto, a metáfora não pode nos dar.

Vocês querem um exemplo que lhes mostre para que pode servir essa fileira de nós dobrados que se tornam independentes com apenas cortarmos um só? Não é muito difícil encontrar um exemplo, e não à toa, na psicose. Lembrem-se do que povoa alucinatoriamente a solidão de Schreber — *Nun will ich mich...* agora eu vou me... Ou ainda — *Sie sollen nämlich...* vocês devem, quanto a vocês... Estas frases interrompidas, que chamei mensagens de código, deixam em suspenso não sei que substância. Percebe-se aí a exigência de uma frase, qualquer que ela seja, que seja tal que um de seus elos, por faltar, libera todos os outros, ou seja, lhes retira o Um.

Não está aí o melhor suporte que podemos dar àquilo pelo que procede a linguagem matemática?

O próprio da linguagem matemática, uma vez que ela seja suficientemente demarcada quanto a suas exigências de pura demonstração, é que tudo que dela se adianta, não tanto no comentário falado quanto na manipulação mesma das letras, supõe que basta que uma não se sustente para que todas as outras não somente não constituam nada de válido por seu agenciamento, mas se dispersem. É nisto que o nó borromeano é a melhor metáfora do seguinte: que nós só procedemos do Um.

O Um engendra a ciência. Não no sentido do um da medida. Não é o que se mede, na ciência, contrariamente ao que se crê, que é o importante. O que distingue a ciência moderna da ciência antiga, a qual se fundava na reciprocidade entre o νοῦς e o mundo, entre o que pensa e o que é pensado, é justamente a função do Um. Do Um, na medida em que ele ali está, podemos supor, apenas para representar a solidão — o fato de que o Um não se amarra verdadeiramente com nada do que pareça o Outro sexual. Completamente em contrário à cadeia, cujos Uns são todos feitos da mesma maneira, de não serem outra coisa senão Um.

Quando eu disse — *Há Um*, quando insisti, quando verdadeiramente pisoteei isto como um elefante durante todo o ano passado, vocês vêem ao que eu os introduzia.

Como situar então a função do Outro? Como, se, até certo ponto, é simplesmente em nós de Um que se baseia o que resta de qualquer linguagem quando ela se escreve, como colocar uma diferença? Pois é claro que o Outro não se adiciona ao Um. O Outro apenas se diferencia. Se há algo pelo que ele participa do Um, não é por adicioná-lo a si. Pois o Outro — como já disse, mas não há garantia de que vocês tenham ouvido — é o Um-a-menos.

É por isso que, em qualquer relação do homem com uma mulher — a que está em causa —, é sob o ângulo do Uma-a-menos que ela deve ser tomada. Eu já lhes havia indicado isto a propósito de Don Juan, mas, é claro, há apenas uma só pessoa que percebeu, foi minha filha.

4

Não basta ter achado uma solução geral para o problema dos nós borromeanos, para um número infinito de nós borromeanos. Seria preciso que tivéssemos meios de mostrar que é a única solução.

Ora, estamos no seguinte, que até hoje não há nenhuma teoria dos nós. Aos nós não se aplica, até hoje, nenhuma formalização matemática que permita, fora algumas fabricaçõezinhas como as que lhes mostrei, prever que uma solução como a que acabei de dar não seja simplesmente ex-sistente, mas necessária, que ela não pare — como defini o necessário — de se escrever. Já vou lhes mostrar. Basta que eu lhes faça isto.

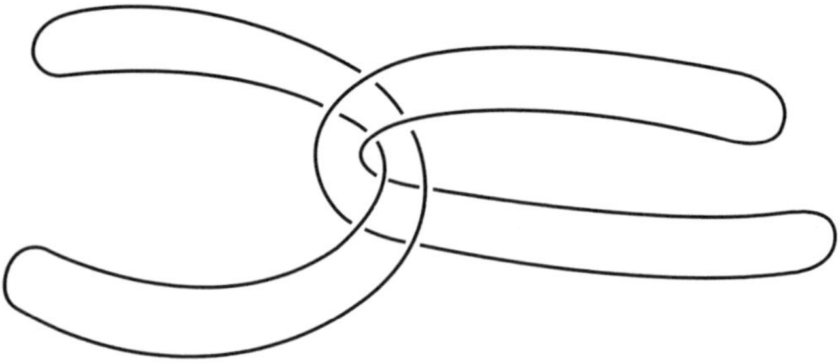

Passei duas dessas rodinhas, uma pela outra, de maneira tal que elas fazem aqui, não de modo algum aquela amarração que lhes mostrei há pouco, mas simplesmente um nó de marinheiro. Vocês vêem logo que, sem nenhuma dificuldade, posso, de um lado ou de outro, prosseguir a operação fazendo tantos nós de marinheiro quantos queira, com todas as rodinhas de barbante do mundo.

Posso ainda aqui fechar a cadeia, tirar portanto de seus elementos a separabilidade que eles até então conservavam. Passo uma terceira rodinha conjugando os dois extremos da cadeia.

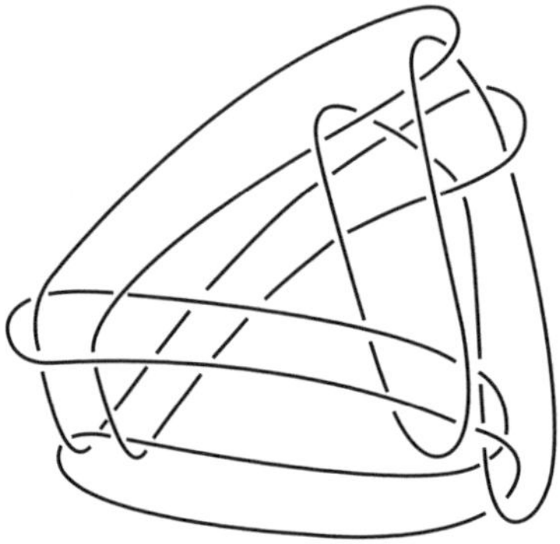

Aí está, sem nenhuma dúvida, uma solução tão válida quanto a primeira. O nó goza da propriedade borromeana — uma vez que eu seccione qualquer uma das rodinhas que tiver agenciado assim, todas as outras, ao mesmo tempo, estarão livres.

Nenhum dos elos é aqui de tipo diferente do dos outros. Não há nenhum ponto privilegiado e a cadeia é estritamente homogênea. Vocês sentem que não há nenhuma analogia topológica entre os dois modos de amarrar rodinhas de barbante que lhes mostrei. Há aqui, com os nós de marinheiro, uma topologia que poderíamos dizer de torção, em relação à precedente, que seria simplesmente de flexão. Mas não seria contraditório tornar as rodinhas dobradas em um nó de marinheiro.

Daí, vocês vêem que a questão se coloca de saber como pôr um limite às soluções do problema borromeano. Deixo a questão aberta.

Trata-se para nós, vocês compreenderam, de obter o modelo da formalização matemática. A formalização não é outra coisa senão a substituição, a um número qualquer de uns, disso que se chama uma letra. Pois, que vocês escrevam que a inércia é $\frac{m\ v^2}{2}$, o que quer dizer isto? — senão que, qualquer que seja o número de uns que vocês coloquem sob cada uma dessas letras, vocês estão submetidos a um certo número de leis, leis de grupo, adição, multiplicação etc.

Aí estão as questões que eu abro, que são feitas para lhes anunciar o que espero poder lhes transmitir, concernente ao que se escreve.

O que se escreve, em suma, o que seria isso? As condições do gozo. E o que se conta, o que seria? Os resíduos do gozo. Pois esse *a*-sexuado, não será a conjugá-lo com o que ela tem de mais-gozar, sendo a Outra — só podendo ser dita Outra —, que a mulher o oferece ao homem na espécie do objeto *a*?

O homem acredita criar — ele crê-crê-crê, ele cria-cria-cria. Ele cria-cria-cria a mulher. Na realidade, ele a põe no trabalho, e a trabalho do Um. E é mesmo nisto que esse Outro, esse Outro na medida em que aí se inscreve a articulação da linguagem, quer dizer, a verdade, o Outro deve ser barrado, barrado por isso que qualifiquei há pouco de um-a-menos. O S (Ⱥ) é o que isto quer dizer. É no que chegamos a colocar a questão de fazer do Um algo que se sustenta, quer dizer, que se conta sem ser.

Só a matematização atinge um real — e é nisto que ela é compatível com nosso discurso, o discurso analítico —, um real que nada tem a ver com o que o conhecimento tradicional suportou e que não é o que ele crê, realidade, mas sim fantasia.

O real, eu diria, é o mistério do corpo falante, é o mistério do inconsciente.

15 de maio de 1973

Respostas

Transcrevo aqui as respostas de Jacques Lacan a algumas questões que lhe coloquei quando do estabelecimento do texto desta aula. (J.A.M.)

É de se notar que uma figura tão simples como a do nó borromeano não tenha servido de partida para — uma topologia.

Há, com efeito, várias maneiras de abordar o espaço.

A captura pela noção de dimensão, quer dizer, pelo corte, é a caracterologia de uma técnica da serra. Ele vai se refletir na noção de ponto, do qual diz-se tudo ao qualificar de um o que tem, diz-se isto claramente, zero dimensão, quer dizer, o que não existe.

A partir, ao contrário, de rodinhas de barbante, resulta uma cunhagem, disso de ser o cruzamento de duas continuidades que aparam uma terceira. Será que não se sente que essa cunhagem poderia constituir o fenômeno de partida de uma topologia?

Aí está um fenômeno que tem a seu favor não ser em ponto algum localizável. Considerem só o nó borromeano — salta aos olhos que podemos numerar três "regiões", esta palavra entre aspas, onde as rodinhas que fazem nó podem vir a se cunhar.

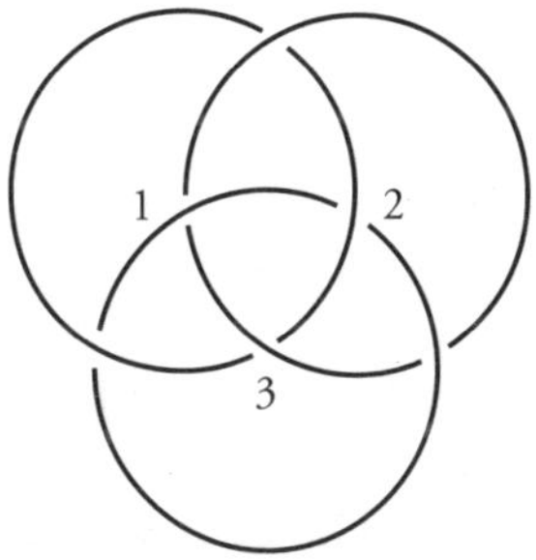

Isto supõe em cada caso que as duas outras regiões venham se resumir a essa. É de se dizer que *há somente* uma? Certamente que não. Um ponto triplo, ainda que se empregue esta expressão, não poderia de modo algum satisfazer à noção de ponto. Este ponto não é feito aqui da convergência de três linhas. Se não por nada, pelo fato de que há dois diferentes — um direito e um esquerdo.

Fico surpreso, quanto a mim, que pareça bastante admitido que não poderíamos, por uma mensagem dita informativa, fazer chegar, ao sujeito suposto pela linguagem, a noção de direita e de esquerda. Certo que se reconhece que, sua distinção, podemos certamente comunicá-la. Mas, a partir daí, como especificá-la? Isto me parece, de modo contrário a uma certa argumentação, completamente possível, e justamente pelo ditame de uma planificação, a qual é inteiramente concebível a partir da experiência do nó, se o nó é mesmo, como penso, um fato lógico.

A planificação, notem bem, é coisa diferente da superfície.

Ela supõe uma diz-mansão inteiramente diferente da continuidade implícita ao espaço. E mesmo por isso que uso esta escrita da palavra que consiste em designar sua mansão do dito. O que só se permite pela alíngua que falo — mas isto não é feito para que, eu, me prive disto no que falo. Bem ao contrário, visto o que penso — se ouso dizer.

Dito de outro modo, o importante não é que haja três dimensões no espaço. O importante é o nó borromeano, e o porquê de acedermos ao real que ele representa para nós.

A ilusão de que não poderíamos nada transmitir a seres transplanetários sobre a especificidade da direita e da esquerda sempre me pareceu feliz, no que ela funda a distinção entre o imaginário e o simbólico.

Mas direita e esquerda nada têm a ver com o que apreendemos esteticamente, o que quer dizer — na relação que funda nosso corpo — de seus *dois* lados aparentes.

O que *demonstra* o nó borromeano, não é que ele é feito de uma rodinha de barbante, a qual basta que uma outra se dobre em torno, como duas orelhas, para que uma terceira, amarrando suas duas voltas, não possa, pelo fato de haver a primeira, se desenlaçar dela — é que, dessas três rodinhas, não importa quais delas podem funcionar como primeira e última, a terceira funcionando então como mediana, quer dizer, como orelhas dobradas.

A partir daí se deduz que, qualquer que seja o número de medianas, quer dizer, de orelhas duplas, não importa quais dessas medianas podem funcionar como primeira e última, as outras as acasalando com sua infinidade de orelhas.

As quais orelhas são então feitas não de um defrontamento 1-2, 2-1, mas, no intervalo das duas extremas, de um defrontamento 2-2 repetido tantas vezes quantas rodinhas menos três, ou seja, o número de rodinhas do nó borromeano.

Contudo, é claro que o liame privilegiado, da primeira rodinha com a segunda e da penúltima com a última, continuando a valer, a introdução da primeira e da última no elo central acarreta enredamentos singulares.

Pode-se, querendo, reencontrar entretanto a disposição inicial.

Os nós, em sua complicação, são bem-feitos para nos fazer relativizar as pretensas três dimensões do espaço, somente fundadas na tradução que fazemos de nosso corpo num volume sólido.

Não que ele não se preste a isto anatomicamente. Mas é mesmo aí que está toda a questão da revisão necessária — isto é, de por que ele toma essa forma — aparentemente, quer dizer, para nosso olhar.

Indico aqui por onde poderia entrar a matemática da cunhagem, quer dizer, do nó.

Tomemos um cubo e o decomponhamos em oito, 2^3, pequenos cubos, empilhados regularmente, cada um tendo o lado igual à metade do primeiro cubo.

Retiremos os dois pequenos cubos escolhidos por terem como vértices 2 dos vértices diametralmente opostos do grande cubo.

Há então duas maneiras, e apenas duas, de ajuntar por uma face comum os seis pequenos cubos restantes.

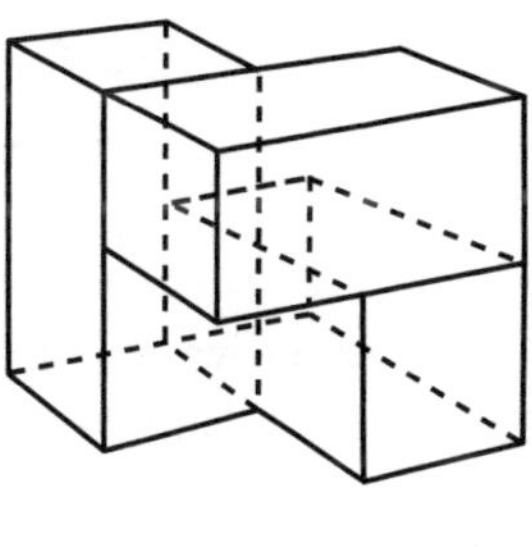

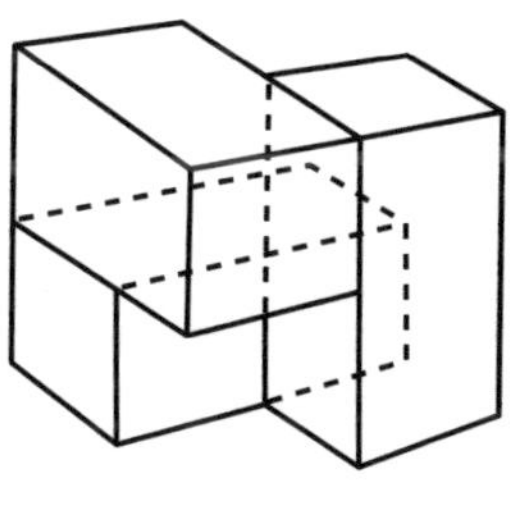

Estas duas maneiras definem duas disposições diferentes de acasalar três eixos plenos segundo, digamos, as três direções do espaço, que distinguem justamente as coordenadas cartesianas.

Para cada um destes três eixos, os dois cubos vazios, ou seja, extraídos primeiro, permitem definir de maneira unívoca a inflexão que lhes podemos impor.

É aquela que exige a cunhagem no nó borromeano.

Mas há mais. Podemos exigir a queda do privilégio que constitui a existência do primeiro e do último círculos — não importa qual deles podendo ter este papel — no nó borromeano, ou seja: que o primeiro e o último, no dito nó, sejam constituídos por um desenvolvimento da mesma estrutura do elo central — dito de outro modo, que aí o liame 2-2 seja unívoco.

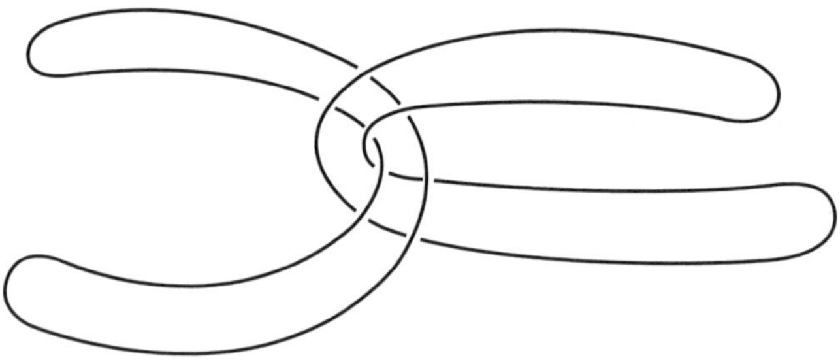

O inextricável que daí resulta para qualquer tentativa de planificação, contrastará de maneira feliz com a elegância da planificação da apresentação original. E, no entanto, vocês constatarão que nada é mais fácil do que isolar de novo ali duas rodinhas, na mesma posição dita de primeira e de última no nó original. Desta vez, não importa qual satisfazendo isto de modo absoluto, pois que desapareceu o privilégio que, como eu dizia, complica tanto a disposição dos elos intermediários quando se trata do nó borromeano original, mas levado a um número de mais de quatro.

Esses elos, com efeito, neste caso, não mais são feitos da dobradura simples de uma rodinha, aquela que imaginamos como duas orelhas, mas de um dobramento tal que 4 fios do elo conexo são tomados pelas rodinhas que isolamos com os termos de primeira e última, mas não de maneira-equivalente, uma dessas duas os prendendo simplesmente, a outra, por isso definível como diferente, segurando esses 4 fios com uma dupla volta.

Por toda parte, no elo central, os 4 fios permitindo um certo número de entrecruzamentos típicos e suscetíveis de variações.

Em resumo, esses elos são de comprimento quatro vezes menor que o das rodinhas extremas.

Concluo daí que o espaço não é intuitivo. Ele é um matemático — o que todo mundo pode ler na história da própria matemática.

Isto quer dizer que o espaço sabe contar, não mais longe do que nós — e por isso mesmo —, pois que não passa de seis, nem mesmo sete. É por isso mesmo que Javé se distinguiu de sua palmatória da semana.

Certo que a cifragem popular conta até 10, mas é porque conta nos dedos. Ela teve depois que rebater isto, com o zero, quer dizer, ela está errada — não se deve contar com nada que seja do corpo aparente, nem da motricidade animal. O engraçado é que a ciência só se destacou disto, de início, à custa de um sistema 6×10, ou seja, sexagesimal — ver os babilônios.

Para retornar ao espaço, ele bem parece fazer parte do inconsciente — estruturado como uma linguagem.

E se ele conta até seis, é porque só pode reencontrar o dois pelo três da revelação.

Mais uma coisa — não se tem que inventar nada. É o que nos ensina a revelação do inconsciente. Mas nada a fazer — é a invenção que nos coça. Pois o que é preciso é nos desviarmos do real, e do que significa a presença do número.

Uma palavra para acabar. Pôde-se notar que a homogeneização dos elos *extremos* não é a mesma coisa que sua junção de ponta a ponta, a qual, singularmente, não tem outro efeito na cadeia senão deixá-los independentes, quase ao número de elos que ele reduz de um.

Que resultado então esperar da cadeia original de três elos, quando também operamos nela? Sua redução a dois elos, dos quais é claro que sua ruptura resultará seguramente da secção de qualquer um deles.

Mas qual vai ser seu entrelaçamento?

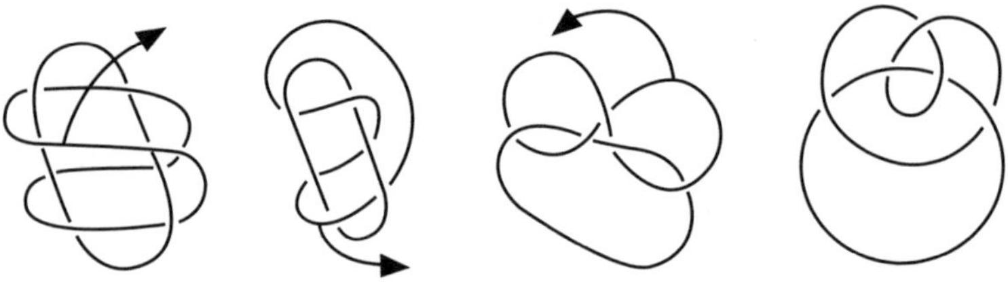

1 2 3 4

Será o de um anel simples e de um oito interior, aquele com que simbolizamos o sujeito — permitindo então reconhecer no anel simples, que aliás se troca com o oito, o signo do objeto *a* —, ou seja, da causa pela qual o sujeito se identifica com seu desejo.

22 de outubro de 1973

XI

O Rato no Labirinto

A linguagem é uma elucubração de saber
sobre alíngua.
A unidade do corpo.
A hipótese lacaniana.
O amor,
da contingência à necessidade.

Graças a alguém que quer escovar bem o que lhes conto, eu tive, há quatro ou cinco dias, o nariz escovado em minhas elocuções deste ano.

Com esse título de *Mais, ainda*, eu não estava certo, confesso, de estar sempre no campo que arranhei durante 20 anos, pois o que ele dizia era que isto podia durar muito tempo ainda. Ao ler a primeira transcrição deste Seminário, achei que não era tão ruim, e especialmente por ter partido desta fórmula, que me parecia tão magra, de que o gozo do Outro não é o signo do amor. Era um ponto de partida, ao qual eu poderia talvez retornar hoje, para fechar o que abria então.

Falei um pouco do amor. Mas o ponto-eixo, a chave do que adiantei este ano, concerne ao que é do saber, do qual acentuei que seu exercício só poderia representar um gozo. E é para o que eu queria hoje contribuir com uma reflexão sobre o que se faz de tateante no discurso científico, com vistas ao que se possa produzir de saber.

1

Vou direto ao de que se trata — o saber, ele é um enigma.

Esse enigma nos é presentificado pelo inconsciente tal como se revelou pelo discurso analítico. Ele se enuncia assim — para o ser falante, o saber é o que se articula. A gente poderia ter percebido isto há um bocado de tempo, pois, ao traçar os caminhos do saber, não se fazia senão articular coisas e, durante muito tempo, centrálas no ser. Ora, é evidente que nada é, senão na medida em que é dito disso que isso é.

S_2, eu chamo isso. É preciso saber ouvi-lo — será *dois* ou dos que se fala? É igualmente enunciado que a linguagem serve para a comunicação. Comunicação — a propósito do quê, é preciso perguntarse, a propósito de que *os*? A comunicação implica a referência. Só que, uma coisa é clara, a linguagem é apenas aquilo que o discurso científico elabora para dar conta do que chamo alíngua.

Alíngua serve para coisas inteiramente diferentes da comunicação. É o que a experiência do inconsciente mostrou, no que ele é feito de alíngua, essa alíngua que vocês sabem que eu a escrevo numa só palavra, para designar o que é a ocupação de cada um de nós, alíngua dita materna, e não por nada dita assim.

Se a comunicação se aproxima do que se exerce efetivamente no gozo da alíngua, é que ela implica a réplica, dito de outro modo, o diálogo. Mas alíngua, será que ela serve primeiro para o diálogo? Como articulei de outra vez, nada é menos garantido do que isto.

Tive há pouco nas mãos um livro importante de um chamado Bateson, sobre o qual vieram me encher os ouvidos, o bastante para me irritar um pouco. Devo dizer que isto me vinha de alguém que tinha sido tocado pela graça de um certo texto meu que ele havia traduzido em sua língua, acrescentando alguns comentários, e que tinha acreditado encontrar no Bateson em questão alguma coisa que ia incrivelmente mais longe que o *inconsciente estruturado como uma linguagem*.

Ora, do inconsciente, Bateson, por não saber que ele é estruturado como uma linguagem, não tem, na verdade, senão uma idéia medíocre. Mas ele forja artifícios muito bonitos, que chama de *metalogos*. Nada mal, na medida em que esses metalogos comportariam, a se crer neles, algum progresso interno, dialético, de só se produzirem por interrogar a evolução do sentido de um termo. Como sempre se fez em tudo que se intitulou diálogo, trata-se de fazer dizer, pelo interlocutor suposto, o que motiva a questão mesma do locutor, quer dizer, de encarnar no outro a resposta que já se tem. É no que o diálogo, o diálogo clássico, cujo exemplo mais belo é representado pelo legado platônico, se demonstra não ser um diálogo.

Se eu disse que a linguagem é aquilo como o que o inconsciente é estruturado, é mesmo porque, a linguagem, de começo, ela não existe. A linguagem é o que se tenta saber concernentemente à função da alíngua.

Certamente, é assim que o próprio discurso científico a aborda, exceto que lhe é difícil realizá-la plenamente, pois ele não leva em consideração o inconsciente. O inconsciente é o testemunho de um saber, no que em grande parte ele escapa ao ser falante. Este ser dá oportunidade de perceber até onde vão os efeitos da alíngua, pelo seguinte, que ele apresenta toda sorte de afetos que restam enigmáticos. Esses afetos são o que resulta da presença de alíngua no que, de saber, ela articula coisas que vão muito mais longe do que aquilo que o ser falante suporta de saber enunciado.

A linguagem, sem dúvida, é feita de alíngua. É uma elucubração de saber sobre alíngua. Mas o inconsciente é um saber, um saber-fazer com alíngua. E o que se sabe fazer com alíngua ultrapassa de muito o de que podemos dar conta a título de linguagem.

Alíngua nos afeta primeiro por tudo que ela comporta como efeitos que são afetos. Se se pode dizer que o inconsciente é estruturado como uma linguagem, é no que os efeitos de alíngua, que já estão lá como saber, vão bem além de tudo que o ser que fala é suscetível de enunciar.

É nisto que o inconsciente, no que aqui eu o suporto com sua cifragem, só pode estruturar-se como uma linguagem, uma linguagem sempre hipotética com relação ao que a sustenta, isto é, alíngua. Alíngua é o que me permitiu, há pouco, fazer de meu S_2 uma questão, e perguntar: será mesmo *dos*, deles, *dois*, que se trata na linguagem?

Dito de outro modo, que a linguagem não é somente comunicação, este fato se impõe pelo discurso analítico. Por desconhecê-lo, surgiu, lá no fundo da ciência, essa careta que consiste em interrogar como é que o ser pode saber o que quer que seja. Este será hoje o eixo da minha questão sobre o saber.

2

Como é que o ser pode saber? É cômico ver como esta interrogação pretende ser satisfeita. Pois o limite, como coloquei, sendo feito de haver seres que falam, pergunta-se o que é que pode ser o saber dos que não falam. Há quem se pergunte. Não se sabe por quê, há quem se pergunte. Mas perguntam mesmo assim, e fazem, para ratos, um pequeno labirinto.

Espera-se, assim, estar no caminho do que é que seja um saber. Crê-se que o rato vai mostrar que capacidade ele tem para aprender. Para *apreender* o quê? — o que lhe interessa, é claro. E o que é que se supõe que lhe interesse, a esse rato?

Não se toma esse rato como ser, mas simplesmente como corpo, o que supõe que se o veja como unidade, unidade ratoeira. Ora, esse ser do rato, o que é que o sustenta então? Ninguém se pergunta isto, absolutamente. Ou melhor, identifica-se seu ser com seu corpo.

Desde sempre, imaginava-se que o ser devia conter uma sorte de plenitude que lhe fosse própria. O ser, é um corpo. É daí que, na primeira abordagem de um corpo, se partiu, e elucubrou-se toda uma hierarquia dos corpos. Partiu-se, em suma, dessa noção de que cada um devia bem saber o que o mantinha no ser, e que isto devia ser seu bem, ou seja, o que lhe dava prazer.

Que mudança terá acontecido no discurso, para que, de repente, se interrogue esse ser sobre o meio que ele teria para se ultrapassar, quer dizer, para aprender mais do que ele precisaria em seu ser sobreviver como corpo?

O labirinto não termina apenas na comida, mas num botão, ou num trinco, do qual é preciso que o sujeito suposto desse ser encontre o truque pelo qual aceder à sua comida. Ou ainda, trata-se do reconhecimento de um traço, traço luminoso ou traço de cor, ao qual o ser é suscetível de reagir. O que importa é que se transforma a questão do saber na de um aprender. Se, depois de uma série de ensaios e erros — *trials and errors*, deixaram a coisa em inglês, visto os que se acharam atravessando essa via concernente ao saber —, a taxa diminui bastante, registra-se que a unidade ratoeira é capaz de aprender alguma coisa.

A questão que só é colocada secundariamente, e que é a que me interessa, é a de saber se a unidade ratoeira vai aprender a aprender. É aí que vige a verdadeira mola da experiência. Uma vez que ele passou por uma dessas provas, um rato, posto em presença de uma prova da mesma ordem, aprenderá mais depressa? O que se materializa facilmente por um decréscimo do número de ensaios necessários para que ele saiba como deve se comportar numa tal montagem — chamemos montagem o conjunto do labirinto e dos trincos e botões que funcionam na ocasião.

A questão foi tão pouco colocada, embora o tenha sido, que nem mesmo se pensou em interrogar a diferença que há conforme o tema que se propõe ao rato para demonstrar suas faculdades de aprender surja da mesma fonte ou de duas fontes diferentes, conforme aquele que ensina ao rato a aprender é ou não o mesmo experimentador. Ora, esse experimentador, é ele que, nessa operação, sabe alguma coisa, e é com o que ele sabe que inventa a montagem do labirinto, dos botões e dos trincos. Se ele não fosse alguém para quem a relação ao saber está fundada numa relação à língua, na habitação de alíngua, ou coabitação com, não haveria essa montagem.

Tudo que a unidade ratoeira aprende nessa ocasião é a dar um sinal, um signo de sua presença de unidade. O trinco só é reconhecido por um signo, e apertar a pata sobre esse signo, é um signo. É sempre fazendo um sinal, por um signo, que a unidade acede àquilo de que se conclui que há aprendizagem. Mas essa relação aos signos é de exterioridade. Nada confirma que possa haver no rato sacação do mecanismo ao qual resulta apertar o botão. É por isso que o único ponto que conta seria o de saber se o experimentador constata que não somente o rato achou o truque, mas que ele aprendeu a maneira pela qual, um mecanismo, isso se apreende, que ele aprendeu o que é para *apreender*. A experiência do labirinto, se levarmos em conta o que é do saber inconsciente, não pode deixar de ser interrogada quanto ao ponto de saber como é que a unidade ratoeira responde ao que, pelo experimentador, não foi cogitado a partir de coisa alguma, mas sim a partir da alíngua.

Não se inventa não importa que composição labiríntica, e isto sair do mesmo experimentador ou de dois experimentadores diferentes merece ser interrogado. Mas nada do que pude colher, até agora, dessa literatura, indica que seja neste sentido que a questão tenha sido colocada.

Este exemplo deixa então inteiramente intactas, e distintas, a questão do que é o saber e a questão do que é a aprendizagem. O que é o saber põe uma outra questão e, nominalmente, de como é que isso se ensina.

3

É da noção de um saber que se transmite, que se transmite integralmente, que se produziu no saber essa peneiragem graças à qual um discurso que se chama de científico se constituiu.

Ele se constituiu não sem numerosas desventuras. *Hypotheses non fingo*, crê poder dizer Newton, *eu não suponho nada*. É, ao contrário, sobre uma hipótese que a famosa revolução, que não é de modo algum copernicana, mas newtoniana, se fez — substituindo ao *isso gira* um *isso cai*. A hipótese newtoniana é a de ter colocado que o *isso gira* astral é a mesma coisa que cair. Mas para constatar isto, o que permite eliminar a hipótese, foi mesmo precisa que primeiro ele a fizesse, essa hipótese.

Para introduzir um discurso científico concernente ao saber, é preciso interrogar o saber onde ele está. Esse saber, na medida em que é no antro da língua que ele repousa, quer dizer *o inconsciente*. O inconsciente, eu não entro nele, não mais do que Newton, sem hipótese.

Minha hipótese é a de que o indivíduo que é afetado pelo inconsciente é o mesmo que constitui o que chamo de sujeito de um significante. O que enuncio nesta fórmula mínima de que um significante representa um sujeito para um outro significante. O significante, em si mesmo, não é nada de definível senão como uma diferença para com um outro significante. É a introdução da diferença enquanto tal, no campo, que permite extrair da alíngua o que é do significante.

Dito de outro modo, reduzo a hipótese, segundo a fórmula mesma que a substantifica, a ela ser necessária para o funcionamento da alíngua. Dizer que há um sujeito, não é outra coisa senão dizer que há hipótese. A única prova que temos de que o sujeito se confunde com essa hipótese e de que é o indivíduo falante que o suporta, é a de que o significante se torna signo.

É porque há o inconsciente, isto é, alíngua no que é por coabitação com ela que se define um ser chamado falante, que o significante pode ser chamado a fazer sinal, a constituir signo. Entendam esse *signo* como lhes agradar, inclusive o *thing* do inglês, a coisa.

O significante é signo de um sujeito. Enquanto suporte formal, o significante atinge um outro que não aquele que ele é cruamente, ele, como significante, um outro que ele afeta e que dele é feito sujeito, ou, pelo menos, que passa por sê-lo. É nisto que o sujeito se acha ser, e somente para o ser falante, um ente cujo ser está alhures, como mostra o predicado. O sujeito não é jamais senão pontual e evanescente, pois ele só é sujeito por um significante, e para um outro significante.

É aqui que devemos retornar a Aristóteles. Por uma escolha para a qual não se sabe o que o guiou, Aristóteles tomou o partido de não dar outra definição do indivíduo senão o corpo — o corpo enquanto organismo, o que se mantém como um, e não o que se reproduz. A diferença entre a idéia platônica e a definição aristotélica do indivíduo como fundando o ser, ainda estamos ao redor dela. A questão que se coloca ao biólogo é mesmo a de saber como um corpo se reproduz. O de que se trata em qualquer tentativa de química dita molecular é sacar como é que pela combinação de um certo número de coisas em um banho único, alguma coisa se precipita e uma bactéria, por exemplo, se reproduz.

O corpo, o que é ele então? É ou não é o saber do um?

O saber do um se revela não vir do corpo. O saber do um, por pouco que possamos dizer disto, vem do significante Um. O significante Um, será que ele vem de o significante como tal não ser jamais senão *um-entre-outros*, referido a esses outros, não sendo senão a diferença para com os outros? A questão está tão pouco resolvida até agora que eu fiz todo o meu seminário do ano passado para acentuar esse *Há Um*. O que é que quer dizer *Há Um*? *Um-entre-outros*, e se trata de saber se é qualquer um, se levanta um S_1, S_1 que soa em francês *essaim*, um *enxame* significante, um enxame que zumbe. Esse um, S_1, de cada significante, se eu coloco a questão *é deles, dois, dos, que eu falo*?, eu a escreverei primeiro por sua relação com S_2. E vocês podem pôr quantos quiserem. É o enxame de que falo.

$$S_1 (S_1 (S_1 (S_1 \rightarrow S_2)))$$

S_1, esse um, o enxame, significante-mestre, é o que garante a unidade, a unidade de copulação do sujeito com o saber. É na alíngua, e não alhures, no que ela é interrogada como linguagem, que se destaca a existência daquilo que uma lingüística primitiva designou com o termo στοιχεῖον, elemento, e isto não é por nada. O significante Um não é um significante qualquer. Ele é a ordem significante, no que ela se instaura pelo envolvimento pelo qual toda a cadeia subsiste.

Li recentemente um trabalho de uma pessoa que se interroga sobre a relação do S_1 com o S_2, que ela toma por uma relação de representação. O S_1 estaria em relação com o S_2, na medida em que ele representa um sujeito. A questão de saber se essa relação é simétrica, anti-simétrica, transitiva ou outra, se o sujeito se transfere do S_2 a um S_3 e assim por diante, esta questão deve ser retomada a partir do esquema que reapresento aqui.

O Um encarnado na alíngua é algo que resta indeciso entre o fonema, a palavra, a frase, mesmo todo o pensamento. É o de que se trata no que chamo de significante-mestre. É o significante Um, e não é por nada que, no penúltimo dos nossos encontros, eu trouxe aqui, para ilustrá-lo, o pedaço de barbante, no que ele faz essa rodinha, cujo nó possível com uma outra comecei a interrogar.

Sobre este ponto, não irei mais longe hoje, uma vez que fomos privados de um seminário por causa dos exames desta faculdade.

4

Para abrir agora o postigo, direi que o importante do que revelou o discurso psicanalítico consiste no seguinte, de que é de espantar não se ver o fio por toda parte, é que o saber, que estrutura por uma coabitação específica o ser que fala, tem a maior relação com o amor. Todo amor se baseia numa certa relação entre dois saberes inconscientes.

Se enunciei que, a transferência, é o sujeito suposto saber que a motiva, isto não é senão aplicação particular, especificada, do que está aí por experiência. Peço-lhes que se reportem ao texto do que, no meio daquele ano, enunciei aqui sobre a escolha do amor. Falei em suma do reconhecimento, do reconhecimento, a signos sempre pontuados enigmaticamente, da maneira pela qual o ser é afetado enquanto sujeito do saber inconsciente.

Não há relação sexual porque o gozo do Outro, tomado como corpo, é sempre inadequado — perverso de um lado, no que o Outro se reduz ao objeto *a* — e do outro, eu direi louco, enigmático. Não é do defrontamento com este impasse, com essa impossibilidade de onde se define um real, que é posto à prova o amor? Do parceiro, o amor só pode realizar o que chamei, por uma espécie de poesia, para me fazer entender, a coragem, em vista desse destino fatal. Mas é mesmo de coragem que se trata, ou dos caminhos de um reconhecimento? Esse reconhecimento não é outra coisa senão a maneira pela qual a relação dita sexual — tornada aí relação de sujeito a sujeito, sujeito no que ele é apenas efeito do saber inconsciente — pára de não se escrever.

Parar de não se escrever, não é fórmula adiantada ao acaso. Eu a referi à contingência, ao passo que me comprazi ao necessário como ao que *não pára de se escrever*, pois o necessário não é o real. Destaquemos, de passagem, que o deslocamento dessa negação nos coloca a questão do que é da negação quando ela vem tomar o lugar de uma existência. De outra parte, eu defini a relação sexual como aquilo que *não pára de não se escrever*. Aí há impossibilidade. É também que nada pode dizê-la — não há, dentro do dizer, existência da relação sexual. Mas o que quer dizer o negá-la? Será legítimo de algum modo subsistir uma negação pela apreensão experimentada da inexistência? Aí está também uma questão que para mim só se trata de abrir. Será que a palavra *interdição* quer dizer mais, será mais permitido ainda? É o que, também isto, não poderia de imediato ser resolvido.

A contingência, eu a encarnei no *pára de não se escrever*. Pois aí não há outra coisa senão encontro, o encontro, no parceiro, dos sintomas, dos afetos, de tudo que em cada um marca o traço do seu exílio, não como sujeito, mas como falante, do seu exílio da relação sexual. Não é o mesmo que dizer que é somente pelo afeto que resulta dessa hiância que algo se encontra, que pode variar infinitamente quanto ao nível do saber, mas que, por um instante, dá a ilusão de que a relação sexual pára de não se escrever? Ilusão de que algo não somente se articula mas se inscreve, se inscreve no destino de cada um, pelo quê, durante um tempo, um tempo de suspensão, o que seria a relação sexual encontra, no ser que fala, seu traço e sua via de miragem. O deslocamento da negação, do *pára de não se escrever* ao *não pára de se escrever*, da contingência à necessidade, é aí que está o ponto de suspensão a que se agarra todo amor.

Todo amor, por só subsistir pelo *pára de não se escrever*, tende a fazer passar a negação ao *não pára de se escrever*, não pára, não parará.

Tal é o substituto que — pela via da existência, não da relação sexual, mas do inconsciente, que dela difere — constitui o destino e também o drama do amor.

Vista a hora a que chegamos, que é aquela em que normalmente desejo me despedir, não levarei agora as coisas mais longe — indicarei apenas que o que eu disse do ódio não depende do plano onde se articula a tomada do saber inconsciente.

Não pode acontecer que o sujeito não deseje não saber demais sobre o que é desse encontro eminentemente contingente com o outro. Também, do outro, talvez que ele vá ao ser que ali se toma.

A relação do ser ao ser não é essa relação de harmonia que, desde sempre, não se sabe bem por quê, nos arranja uma tradição em que Aristóteles, que só vê nisso gozo supremo, converge com o cristianismo, para o qual trata-se de beatitude. Isto é entravar-se numa apreensão de miragem. O ser como tal, é o amor que chega a abordá-lo no encontro.

A abordagem do ser pelo amor, não será aí que surge o que faz do ser aquilo que só se sustenta com ratear? Falei do rato ainda há pouco — era disto que se tratava. Não é por nada que escolheram o rato. É porque dele se faz facilmente uma unidade — o rato, isto não se ratifica, isto se rasura. Já vi isto num tempo em que eu tinha um zelador, quando morava na rua de la Pompe — o rato, ele não rateava jamais. Ele tinha pelo rato um ódio igual ao ser do rato.

A abordagem do ser, não é aí que reside o extremo do amor, o verdadeiro amor? E o verdadeiro amor — certamente não foi a experiência analítica que fez esta descoberta, cuja modulação eterna dos temas sobre o amor carrega suficientemente o reflexo — o verdadeiro amor desemboca no ódio.

Taí, eu os deixo.

Será que lhes digo até o próximo ano? Vocês podem notar que eu nunca lhes disse isto. Por uma razão muito simples — é que eu nunca soube, há 20 anos, se continuaria no próximo ano. Isso, isto faz parte do meu destino de objeto *a*.

Depois de dez anos, me haviam em suma retirado a palavra. Acontece que, por razões nas quais havia uma parte de destino, uma parte de inclinação também, para dar prazer a alguns, continuei durante dez anos mais, ainda. Desses 20 anos, fechei então o ciclo. Será que continuarei no próximo ano? Por que não parar aí o *mais*, o *ainda*?

O que é admirável é que ninguém jamais duvidou de que eu continuaria. Que eu chame a atenção para isto, coloca entretanto a questão. Além do mais, poderia acontecer que ao *mais*, ao *ainda* eu ajuntasse um *basta*.

Por mim, deixo a coisa para a aposta de vocês. Há muitos que crêem me conhecer e pensam que eu encontro nisto uma satisfação infinita. Além do penar que me causa, devo dizer que isto me parece pouca coisa. Façam então suas apostas.

E qual será o resultado? Será que isto quer dizer que aqueles que adivinharem certo, que eles me amam? Muito bem — é justamente o sentido do que acabo de enunciar hoje — saber o que o parceiro vai fazer, não é uma prova de amor.

26 de junho de 1973

1ª EDIÇÃO [1985] 13 reimpressões

ESTA OBRA FOI COMPOSTA POR SUSAN JOHNSON EM
ADOBE GARAMOND E HELVETICA E IMPRESSA EM OFSETE PELA
GRÁFICA BARTIRA SOBRE PAPEL ALTA ALVURA DA SUZANO S.A.
PARA A EDITORA SCHWARCZ EM AGOSTO DE 2023